LE ROMAN

DU

CHAPERON-ROUGE

SCÈNES ET FANTAISIES

PAR

ALPHONSE DAUDET

PARIS

MICHEL LÉVY FRÈRES, LIBRAIRES-ÉDITEURS

RUE VIVIENNE, 2

—

1862

LE ROMAN

DU

CHAPERON-ROUGE

OUVRAGES DU MÊME AUTEUR

LES AMOUREUSES

POÉSIES

LA DOUBLE CONVERSION

CONTE EN VERS

LE PENTAMÉRON

CONTES EN VERS

(Sous presse)

C00. — Paris. — Imp. POUPART-DAVYL et COMP., rue du Bac, 30.

LE ROMAN

DU

CHAPERON-ROUGE

SCÈNES ET FANTAISIES

PAR

ALPHONSE DAUDET

Le Roman du Chaperon-Rouge
Les Ames du Paradis — Un Concours pour Charenton
L'Amour-Trompette — Les Sept Pendues de Barbe-Bleue
Les Rossignols du cimetière

PARIS

MICHEL LÉVY FRERES, LIBRAIRES-ÉDITEURS
RUE VIVIENNE, 2 BIS.

1862

A MON AMI

AUGUSTE RACINET

LE ROMAN

DU

CHAPERON-ROUGE

PERSONNAGES :

LE CHAPERON-ROUGE.

POLONIUS, professeur à l'Université de N...

UN HOMME DE LETTRES.

DEUX AMOUREUX.

UN FOU.

UN ENFANT.

LE ROMAN

DU

CHAPERON-ROUGE

Un chemin de traverse dans les bois. — Des fleurs, des oiseaux, des papillons. — Le Chaperon-Rouge porte le costume traditionnel dans sa famille, — sans oublier la galette, ni le pot de beurre.

SCÈNE PREMIÈRE

LE CHAPERON-ROUGE.

Par ma galette ! il est des jours où l'on est heureuse d'être au monde, où il semble que vos bottines aient des ailes, que vos yeux lancent des fusées, que vos veines soient bourrées de salpêtre; — des jours où l'on éprouve une envie furieuse de faire des cabrioles sur le gazon, de sauter au cou de quelqu'un, et de patiner sur la cime des peupliers. Aujourd'hui, je suis tout à fait dans ces dispositions-là, et, entre nous, j'ai beaucoup de jours comme aujourd'hui. (*Il gambade.*) Tra deri, deri, deri! La la houp, tra la!

POLONIUS, *entrant.*

Voilà une jeune personne singulièrement affolée. J'ai déjà vu ce minois quelque part.

CHAPERON-ROUGE.

Que peut me vouloir ce vieux?

POLONIUS.

Hé! là-bas! petite fille, venez çà qu'on vous dise deux mots.

CHAPERON-ROUGE.

Dépêchons-nous, je vous prie; je suis pressée.

POLONIUS.

Mais attendez donc. Parbleu! j'en étais bien sûr que je vous connaissais. Ce jupon court, ce pantalon brodé, cette coiffure écarlate, ce panier, cette galette... D'où diable sortez-vous, mon petit Chaperon-Rouge?

CHAPERON-ROUGE.

Je sors de chez nous, et je vais chez bonne-maman lui porter ce pot de beurre.

POLONIUS.

Parole d'honneur! vous êtes le petit Chaperon-Rouge? le vrai Chaperon-Rouge?

CHAPERON-ROUGE.

Eh! mon Dieu, oui! Que voyez-vous d'étonnant à cela?

POLONIUS.

Pour rien au monde, chère enfant, je ne voudrais réveiller en vous de cruels souvenirs; mais cependant... je croyais... j'avais ouï dire que vous aviez été dévorée un certain jour...

CHAPERON-ROUGE.

Hélas!

POLONIUS.

Par un loup méchant et dissimulé...,

CHAPERON-ROUGE.

C'est bien cela.

POLONIUS.

Ce qui ne vous fût pas arrivé sans votre étourderie...

CHAPERON-ROUGE.

Comme tout cela est bien vrai !

POLONIUS.

Mais, alors, puisque vous convenez d'avoir été dévorée...

CHAPERON-ROUGE.

Sachez, monsieur, que j'ai été déjà dévorée un nombre infini de fois, et toujours par ma faute ; — voilà quatre mille ans que le même accident m'arrive, quatre mille ans que je ressuscite, quatre mille ans que, par une incroyable fatalité, je vais me remettre inévitablement entre les pattes du loup. Que voulez-vous? Je meurs toujours très-jeune, et lorsque je reviens au monde, je n'ai de mes existences antérieures qu'un souvenir si vague, si vague... Oh ! l'intéressante histoire à écrire et à feuilleter que l'*Histoire du Chape-*

ron-Rouge dans tous les siècles ! M. Perrault en a esquissé un chapitre ; heureux celui qui écrira les autres.

POLONIUS.

Je n'ai jamais vu une créature plus originale.

CHAPERON-ROUGE.

Et maintenant, docteur, si vous n'avez plus rien à me dire, je vous baise les mains.

POLONIUS.

Mais si ! mais si ! j'ai beaucoup à vous dire, au contraire... Vous me connaissez donc, que vous m'appelez docteur ?

CHAPERON-ROUGE.

Docteur Polonius, La Palisse de votre petit nom.

POLONIUS.

C'est cela, c'est cela ! Est-elle gentille ! Dites donc, fillette, puisque vous allez chez bonne-maman, et que je me rends du même côté, nous ferons route ensemble, voulez-vous ?

CHAPERON-ROUGE.

Oh! quel bonheur! nous allons nous amuser, vous
verrez! Hopp! en route et promptement. Docteur, je
te conseille de retrousser ta souquenille, tu pourras
courir et gambader plus aisément... — En avant,
marche! suis-moi!...

POLONIUS.

Eh bien! eh bien! par où passez-vous donc, jeune
évaporée? Ce n'est point là le chemin pour aller chez
votre bonne maman : la grande route nous y conduit
en droite ligne.

CHAPERON-ROUGE.

Bah! vous prenez la grande route? Et la poussière?
Et le soleil? et les voitures? — Ah! vous prenez la
grande route!... Serviteur!

POLONIUS.

Voyons, petite folle, réfléchissez une fois dans votre
vie. La grande route est un peu ennuyeuse, j'en con-
viens; mais, au moins, on est sûr d'arriver à heure fixe
et sans beaucoup de peine.

CHAPERON-ROUGE.

Oh! docteur, voyez par ici l'adorable chemin. Des

oiseaux, des marguerites, des mûres, de l'herbe tendre, des ruisseaux. Passez de ce côté, vous verrez comme nous rirons. Je vous ferai des bouquets, des bouquets gros comme ma tête ; nous chercherons au fond des fleurs toutes sortes de bêtes bleues et rouges, et nous en ferons un chapelet avec un bout de fil. Vous verrez, vous verrez. Allons ! des cabrioles sur l'herbe ! Allons ! une poignée de mûres : aimes-tu les mûres, gros ventre ?

POLONIUS.

Et le loup, petite malheureuse !

CHAPERON-ROUGE.

Ah ! oui, c'est vrai, le loup !... Bah ! il n'y en a pas tous les jours, des loups, et puis, s'il en vient un, eh bien !... nous le mangerons.

POLONIUS, *lui tâtant le crâne.*

Cette enfant a la bosse de l'imprévoyance développée d'une façon effrayante.

CHAPERON-ROUGE.

Décidément, vous ne venez pas ? Non ! Bonsoir, alors. Pourquoi diable me faire perdre mon temps ?

POLONIUS.

Ah! la malheureuse !

CHAPERON-ROUGE.

Adieu, docteur, prends garde aux coups de soleil,
mon amour ! (*Ils sortent.*)

SCÈNE II

Un peu plus avant dans la forêt.— Toujours même paysage.

CHAPERON-ROUGE, *seul ; puis* UN ENFANT.

Bah! chassons ces tristes idées! D'abord, un loup,
ce n'est pas si méchant qu'on veut bien le dire ; il
aura peut-être pitié de moi, celui-ci. Je suis très-
gentille aujourd'hui; je viens de me voir en passant,
dans une feuille sur laquelle il y avait une goutte d'eau...
Je suis, du reste, plus forte que bien des gens; je pren-
drai mon loup par le cou, et crac ! — Tout de même,
ça m'aurait amusée d'enjôler ce vieux poussif et de le
faire entrer dans la grande famille des chaperons. Mais
non! — cervelle étroite, tiroirs en ordre, toujours

fermés à clef. On n'en pouvait rien tirer. Je trouverai mieux que cela.

(*Entre l'enfant.*)

L'ENFANT, *pleurant.*

Holà ! mon Dieu ! que je suis donc à plaindre !

CHAPERON-ROUGE.

Pourquoi te désoles-tu de la sorte, mon mignon ?

L'ENFANT.

Je pleure, ma jolie demoiselle, parce qu'il me faut aller à l'école et que c'est ben ennuyeux avec le temps qu'il fait.

CHAPERON-ROUGE.

D'abord, tu es un nigaud de pleurer ; le bon Dieu ne t'a pas donné des yeux pour en faire des citernes ; du reste, si tu épuises toutes tes larmes aujourd'hui, comment feras-tu quand tu seras grand ; il faut garder une poire pour la soif, que diable ! — Viens t'asseoir à mes côtés sur le pied de cet arbre-là ! — Comment t'appelles-tu ?

L'ENFANT.

Je suis le petit Picou, le fieu du grand Picou qui louche.

CHAPERON-ROUGE.

Eh bien! Picou, si tu m'en crois, nous allons d'abord déjeuner ; ensuite... nous verrons. Qu'as-tu dans ce panier ?

L'ENFANT.

Oh! mam'selle, faut pas y toucher; c'est pour le *goûter*, et la mère Picou gronderait ben trop.

CHAPERON-ROUGE.

Tu n'as donc pas faim?

L'ENFANT.

Heu! J'ai mangé une grande terrine de soupe aux choux il n'y a pas un quart d'heure, mais je lipperais tout de même quelque chose.

CHAPERON-ROUGE.

Qu'attends-tu donc, alors, petit sot? Ouvre ton panier. Bon ! des confitures et des noix fraîches ; moi,

j'ai de la galette et un pot de beurre, c'est pour bonne-
maman; mais elle ne mangera pas tout, pauvre chère
femme! (*Ils mangent.*) Hein, comment trouves-tu?

L'ENFANT, *la bouche pleine.*

C'est bon comme tout... Oui, mais qu'est-ce qu'elle
va dire, la mère Picou?

CHAPERON-ROUGE.

Que t'importe! Elle peut bien dire la messe et les
vêpres, tu n'en auras pas moins mangé les confitures.

L'ENFANT.

C'est ben vrai, ca! — Oui, mais je n'aurai plus rien
pour goûter.

CHAPERON-ROUGE.

Es-tu bête! tu n'auras pas faim à goûter; est-ce que
tu as faim, voyons?

L'ENFANT.

Non... presque plus. (*Il se lève.*)

CHAPERON-ROUGE.

Eh bien ! où vas-tu si vite?

L'ENFANT.

A l'école, parbleu!

CHAPERON-ROUGE.

Bah ! mais tu pleurais tant tout à l'heure.

L'ENFANT, *avec hésitation.*

C'est que... j'ai peur du fouet... pour demain.

CHAPERON-ROUGE.

Si tu y vas maintenant, tu recevras encore le fouet pour être resté si longtemps en route. Amuse-toi donc aujourd'hui, puisque tu y es; la fessée de demain ne sera pas plus terrible que celle d'aujourd'hui. Puis, que sait-on? D'ici à demain, le maître peut s'être cassé la jambe; le tonnerre tombera sur l'école, peut-être, elle est tout juste près de l'église, et le tonnerre, ça ne tombe que sur les églises.

L'ENFANT.

Dame ! c'est ben un peu vrai, tout ce que vous dites.

CHAPERON-ROUGE.

Allons! ne songe plus à l'école... Entends-tu les
merles qui sifflent là-haut? Déniche-moi une paire de
nids. — Est-ce que les oiseaux vont à l'école, eux?
Cueille des fraises, un plein panier de fraises des bois.
Jarni! c'est un joli goûter! A l'école, il fait chaud; ici,
tu peux te déshabiller et t'allonger, tout nu, de tout
ton long, sur le sable fin du ruisseau. Les arbres se
baisseront pour te servir d'éventail et de chasse-
mouches. Avec ton couteau, tu tailleras des bateaux
dans des morceaux d'écorce; déchire ton mouchoir
pour faire des voiles, et charge-moi tout cela de
fourmis bleues et de bêtes à bon Dieu... Tu verras
comme on s'amuse.

L'ENFANT.

O Jésus! Marie! vous parlez comme une vraie musique! Voulez-vous m'emmener avec vous? Je vous
aime déjà de tout mon cœur.

CHAPERON-ROUGE, *secouant la tête.*

Non, Picou; vois-tu, il vaut mieux que tu restes là;
s'il t'arrivait quelque malheur avec moi, ce me serait
un trop grand déplaisir. Viens m'embrasser...

L'ENFANT.

Avec ben de la joie, allez. Comme vous sentez bon ; ça m'a fait tout chose d'appliquer mes lèvres sur les vôtres.

CHAPERON-ROUGE, *avec émotion.*

Adieu ; amuse-toi bien.

L'ENFANT.

Oh! oui, que je vas m'amuser... Tout de même, je mangerais volontiers un croûton.

SCÈNE III

Une clairière dans les bois. — L'homme de lettres est étendu sur le dos, un cahier sur le ventre, un crayon entre les dents.

L'HOMME DE LETTRES.

J'ai beau me torturer la cervelle et m'enfoncer mes poings dans les yeux, — rien!... Pas la tête d'une phrase, pas la queue d'une idée. — J'ai cependant promis mon roman pour demain, sans faute... Ah!

mille poils de chèvre! moi qui suis venu aux champs pour travailler de meilleur goût...

(*Paraît le Chaperon-Rouge.*)

CHAPERON-ROUGE, *chantant.*

Je suis bâtard d'un papillon
Et filleul d'une sauterelle,
J'ai l'œil fin et la taille grêle
Comme une patte de grillon.
Qu'il pleuve, qu'il neige, qu'il grêle,
Sans parapluie et sans ombrelle,
Je cours la plaine et le sillon.

(*Parlé.*) Oh! oh! un homme qui travaille; voilà une singulière idée. (*S'avançant vers l'homme de lettres.*) Monsieur est artiste, sans doute?

L'HOMME DE LETTRES, *se soulevant sur le coude.*

Où voyez-vous cela, ma charmante enfant?

CHAPERON-ROUGE.

A quel autre aurait pu venir la pensée de faire d'une forêt un cabinet de travail?

L'HOMME DE LETTRES.

Ma foi, oui, je suis artiste romancier, et j'étais venu ici pour écrire d'après nature... Mais... je ne me trompe pas... Je vous ai vue quelque part... Ah! je vous connais, vous êtes le Chaperon-Rouge.

CHAPERON-ROUGE.

Dame! on le dit.

L'HOMME DE LETTRES.

Non! c'est impossible; je rêve les yeux ouverts. — Vite un peu d'eau bénite; vite un signe de croix, que je chasse cette vision du diable.

CHAPERON-ROUGE.

En voilà bien d'une autre à présent!

L'HOMME DE LETTRES.

Vade retro, Satanas. Tu es le démon de la paresse, le démon de l'insouciance, le démon de l'imprévoyance. *Vade retro*, m'entends-tu? Oh! je te connais bien, tu es notre ennemi le plus terrible. Va-t'en, pourvoyeuse d'hôpital; va-t'en, succube d'enfer. Qu'as-tu fait de Malfilâtre? Qu'as-tu fait d'Hégésippe et de Gustave Planche, et de ce pauvre Gérard? Qu'aurais-tu fait de Lamartine? Qu'as-tu fait d'Abadie? Qu'as-tu fait de Traviès?

CHAPERON-ROUGE.

Quand vous aurez fini, mon cher?

L'HOMME DE LETTRES.

Je vais finir par t'écraser, si tu ne t'en vas pas au plus vite, serpent maudit.

CHAPERON-ROUGE.

Vous n'êtes pas caressant, savez-vous? Oh! je m'en vais, je m'en vais. Laissez-moi vous dire pourtant que ceux auxquels j'ai porté malheur ne se sont jamais plaints; ils savaient trop bien les heures délicieuses que je leur avais fait passer et tous les bonheurs dont ils m'étaient redevables. Oui, je suis le Chaperon-Rouge, la reine du *far niente*, la déesse fantaisiste des lazzarones et des poëtes; je suis votre maîtresse à tous, et tous vous m'avez bâti un temple au fond de votre cœur. Allez, je vous pardonne vos injures, parce que je vous aime et que vous m'aimez... Encore maintenant tu vas me devoir une journée de bonheur, vilain ingrat! Regarde, le temps est superbe, le bois rempli de fraîcheurs silencieuses; sur ta tête, la chanson des oiseaux; à tes pieds, la chanson des rivières. Fermez les yeux à demi, mon doux poëte; posez votre tête sur ce banc de gazon; laissez-vous aller, laissez-vous aller; douze heures de rêveries devant vous; douze belles heures en robes blanches et couronnées de fleurs. Adieu, mon poëte ; les bois sont les bois, un rêveur est un rêveur... Bonsoir. (*Elle jette son cahier par-dessus les arbres.*)

L'HOMME DE LETTRES, *assoupi.*

Embrasse-moi, Chaperon-Rouge ; Dieu !... que... je... suis... bien !

SCÈNE IV

Sur la lisière d'un fourré bien épais. — Entrent les deux amoureux. — Chaperon-Rouge, cachée derrière un buisson, les regarde venir..

LUI.

Vous êtes fatiguée, Marie ; appuyez-vous sur mon bras.

ELLE.

Non, j'aime mieux m'asseoir ; voilà une éclaircie ; le soleil a séché les herbes ; arrêtons-nous ici un moment.

CHAPERON-ROUGE, *cachée.*

C'est drôle : les femmes ont toujours l'initiative en amour.

LUI.

Voulez-vous que j'ouvre votre ombrelle et que je la tienne sur votre tête.

CHAPERON-ROUGE, *cachée.*

Nigaud ! comme si ses mains le gênaient.

ELLE.

Non ; merci, les branches de ce mélèze me garantissent assez.

LUI.

N'est-ce pas qu'il fait bon ici, Marie, loin du bruit, loin du monde ? De l'ombre, du silence et notre amour.

CHAPERON-ROUGE, *cachée.*

Bravo ! je le vois venir.

ELLE, *appuyant sa tête sur l'épaule de* LUI.

Oui ! mais j'ai peur ; voyez ! je tremble malgré moi ;

je ne sais ce que j'éprouve ; le moindre souffle m'émeut, le moindre bruit me fait tressaillir. — Oh! j'ai peur!

LUI.

Rassurez-vous, mon cher trésor. — Que craignez-vous, et pourquoi trembler? — Voulez-vous vous rapprocher de la ferme ou rentrer chez votre mère?

CHAPERON-ROUGE, *cachée.*

Imbécile, va! Comme cela sent ses dix-huit ans.

ELLE.

Oh! non. Je suis trop bien près de vous. (*Un moment de silence.*)

CHAPERON-ROUGE, *agacée.*

Vous verrez qu'ils ne se diront rien.

ELLE.

Ah! mon pauvre cher, pourquoi vous ai-je connu? (*Bruit de baisers.*)

CHAPERON-ROUGE.

Enfin on se décide. (*Sortant de sa cachette.*) C'est

égal, montrons-nous, et donnons-leur quelques conseils.

LES DEUX AMOUREUX, *à la fois.*

Ciel ! *ou* Grand Dieu !

CHAPERON-ROUGE.

Là, là ! ne vous effrayez pas ; je suis Chaperon-Rouge, un enfant comme vous, et, de plus, la patronne des amoureux. Embrassez-vous ; cela me réjouit le cœur, et chacun de vos baisers me chatouille agréablement les lèvres. Encore ! encore !

LUI, *s'interrompant.*

Ah ! mon pauvre Chaperon-Rouge, nous sommes bien à plaindre.

ELLE, *ne s'interrompant pas.*

Oh ! oui, bien à plaindre.

CHAPERON-ROUGE.

Et pourquoi cela, seigneur ?

LUI.

Dame ! tu comprends, nous nous aimons de toute notre âme, et l'on ne veut pas nous marier.

CHAPERON-ROUGE.

Et puis?

LUI.

Et puis... c'est tout; n'est-ce pas assez ?

CHAPERON-ROUGE.

Pourriez-vous me dire, mes enfants, à quoi servent les roses, et pourquoi Dieu les a mises sous nos pas, — sinon pour être cueillies et pour embaumer? Pourriez-vous me dire aussi pourquoi on trouve comme cela des buissons au coin des routes et d'épais taillis dans les forêts ; — pour qui ils poussent là, si ce n'est pour les amoureux?— Ah ! l'on ne veut pas vous marier, pauvres enfants ; je vous plains de tout mon cœur. Adieu, mes petits. N'oubliez pas que demain n'est qu'un grand menteur...; n'oubliez pas non plus l'utilité des roses et des buissons.

(*Elle se sauve.*)

ELLE.

Avez-vous compris?

LUI.

Non, et toi ?

ELLE.

Je crois que oui...

SCÈNE V

Dans l'épaisseur du bois.

CHAPERON-ROUGE.

La vue de ces deux enfants m'a troublée. Quelle belle
chose que l'amour ! Moi, personne ne m'aime : aux
uns je fais pitié, pour les autres je suis un objet de
haine ; ceux qui m'adorent ne me le disent jamais. Je me
souviens pourtant d'un rouge-gorge qui a eu pour moi
une grande passion...; il en est mort, je crois... Tiens !
est-ce qu'il pleut, que j'ai une goutte d'eau sur la
main ? Il m'arrive quelquefois de pleurer, jamais longtemps.

(*Il chante.*)

Je suis bâtard d'un papillon
Et filleul d'une sauterelle...

2

Bon Dieu ! le singulier personnage que je vois là-bas.
Quelles cabrioles il fait ! quelles gambades ! Le voilà qui
marche sur la tête, maintenant. Est-il drôle ! est-il amusant ! ah ! ah ! ah ! Il faut que je lui propose de jouer
avec moi. Hé ! l'homme ! l'homme !

(Entre le fou.)

LE FOU.

Qui m'appelle ? Est-ce vous, petite fille, qui m'appelez ?

CHAPERON-ROUGE.

Oui, c'est moi, le Chaperon-Rouge, et je viens vous
demander s'il vous plairait de nous amuser ensemble.
Vous m'avez l'air réjouissant.

LE FOU.

Pour être réjouissant, je suis très-réjouissant. Ah !
vous êtes le Chaperon-Rouge, vous ; qu'est-ce que
cela ? Oui, je me souviens, une fillette qui aimait beaucoup les fleurs et qui s'en allait toujours par les che-
mins de traverse. Moi aussi, je les aime, les fleurs ;
veux-tu que je te fasse une couronne avec les branches
de ce saule ? Elle est très-jolie comme cela. A propos,
vous m'avez déjà dit votre nom, je l'ai oublié.

CHAPERON-ROUGE.

Chaperon-Rouge.

LE FOU.

J'oublie toujours. Dis donc, toi, tu ne vas pas me reconduire là-bas! (*Pleurant.*) Je suis si heureux d'être libre ; je ne fais de mal à personne ; petite, je t'en prie, ne me reconduis-pas là-bas.

CHAPERON-ROUGE.

Où donc là-bas?

LE FOU.

Chez le médecin, ce gros à lunettes, qui m'arrose d'eau froide tout le jour, comme un jardin potager.

CHAPERON-ROUGE.

Tiens! c'est un fou; je ne m'en serais jamais doutée.

LE FOU.

J'ai la cervelle un peu malade, mais ce n'est pas une raison pour me meurtrir le crâne et me faire mal aux oreilles.

CHAPERON-ROUGE.

N'aie pas peur, je ne te reconduirai pas. Y a-t-il longtemps que tu t'es échappé?

LE FOU.

Je ne sais pas. Quand on est heureux, on ne sait jamais depuis quand. Veux-tu que je te raconte l'histoire du colibri et de la princesse? Mais, auparavant, il faut que tu me dises ton nom, j'oublie toujours.

CHAPERON-ROUGE.

Est-il amusant! Voilà dix fois que je le lui répète. Je m'appelle Chaperon-Rouge.

LE FOU.

Chaperon, assieds-toi sur mes genoux et écoute mon histoire.

CHAPERON-ROUGE.

Nenni! nenni! Il se fait tard, la nuit tombe, il faut que je coure vite chez bonne-maman.

LE FOU.

Allons, je commence...

CHAPERON-ROUGE.

Non, tais-toi, je m'en vais... (*Sans bouger de place.*) Adieu !

LE FOU.

Va-t'en.

CHAPERON-ROUGE.

Eh bien! non, je reste... Raconte-moi ton histoire.
(*On entend hurler un loup.*)

LE FOU.

Viens te mettre sur mes genoux. — Qu'as-tu? tu trembles.

CHAPERON-ROUGE.

As-tu entendu la vilaine bête? Hou! hou!

LE FOU.

N'aie pas peur ; je suis là.

CHAPERON-ROUGE.

Qu'il est gentil, mon fou! Allons, je t'écoute. (*Elle passe ses bras autour du cou de son ami.*)

2.

LE FOU.

Il y avait une fois un colibri et une princesse qui s'aimaient éperdument... Est-ce que tu dors ?

CHAPERON-ROUGE.

Non, mon ami ; — un colibri et une princesse.

LE FOU.

Seulement, on s'opposait à leur mariage, parce que le colibri était trop... M'entends-tu ?

CHAPERON-ROUGE.

Oui ; mais ne raconte pas si fort.

LE FOU.

Un soir, le colibri dit à la princesse...

CHAPERON-ROUGE, *à moitié endormie.*

Elle est... bien... jolie... ton histoire.

LE FOU.

Elle dort ! son haleine douce me glisse dans le cou ;

— elle respire lentement; ses boucles d'oreille me caressent la peau. — Je suis très-heureux.

(*Il s'endort. — Le loup passe en courant.*)

SCÈNE VI

Le lendemain. — Il fait grand jour. — Les oiseaux chantent en s'éveillant.— Au fond, la maison de la bonne-maman. Les volets sont fermés.— A côté de la maison, un puits.

L'ENFANT, *entrant, les yeux rouges et un gourdin à la main.*

Asseyons-nous par ici et attendons qu'elle arrive. Je vas lui appliquer une roulée soignée de coups de gaule. (*Il s'assied dans un coin.*)

L'HOMME DE LETTRES, *entrant, la figure déconfite.*

Où est-il, ce conseiller maudit, que je l'étrangle un peu, et que j'en débarasse la face du globe ?

L'ENFANT.

Si c'est le Chaperon-Rouge que vous cherchez, faites comme moi, asseyez-vous. Il va arriver par là.

Entre l'amoureux, *en sanglotant.*

Oh! la misérable! Cachons-nous quelque part, et faisons-lui payer tous les malheurs dont elle est cause.

SCÈNE VII

LES MÊMES, LE FOU ET LE CHAPERON-ROUGE.

(*Ils arrivent en folâtrant, bras dessus, bras dessous.*)

CHAPERON-ROUGE.

Vois-tu, mon ami, je te parle franchement, tu es le seul homme au monde avec qui je puisse m'entendre, et je jure de ne t'oublier de ma vie. Promets-moi de songer quelquefois à moi, de ton côté.

LE FOU.

Je veux bien, je veux bien; mais il faudra que tu me dises ton nom. Est-ce que tu me l'as déjà dit?

CHAPERON-ROUGE, *essuyant une larme.*

Hélas! le seul homme que j'aie jamais aimé!—L'ami

prête-moi ton dos, que j'atteigne ce cerisier ; — je veux me faire des pendants avec les cerises.

LES TROIS AFFLIGÉS, *se montrant tout à coup.*

Enfin, la voilà !

CHAPERON-ROUGE, *un peu effrayée.*

Que voulez-vous de moi, braves gens? à qui donc en avez-vous, avec vos mines furibondes?

TOUS LES TROIS, *à la fois.*

C'est à toi, à toi seule que nous en voulons... C'est tout ton sang qu'il nous faut.

CHAPERON-ROUGE, *au fou.*

Hé! l'ami, au secours, au secours!

LE FOU.

C'est très-bon, les cerises!

CHAPERON-ROUGE.

Messieurs, messieurs, expliquez-vous d'abord, mon

sang coulera après. — (*A l'enfant.*) Toi, commence; que me veux-tu?

L'ENFANT.

Te dire que tu es une méchante fille et la cause de tous mes malheurs. Grâce à toi, on m'a mis à la porte de l'école; le père Picou m'a cassé les reins à coups de trique, et la mère Picou (*avec un sanglot*) ne veut plus me bailler à manger.

CHAPERON-ROUGE,

Et d'un. — A un autre,

L'HOMME DE LETTRES.

J'avais bien raison de me méfier de toi ; tu m'as encouragé dans ma paresse et dans mes folles rêveries; j'ai laissé mon travail de côté, et me voilà sans ressources pour un mois.

CHAPERON-ROUGE.

Peccaïré, et toi ?

L'AMOUREUX.

Moi, je veux te demander raison de tes mauvais conseils et des méchantes idées que tu nous a mises hier dans la cervelle ; ma pauvre Marie a taché de vert sa robe blanche ; sa mère a tout deviné et l'a mise au couvent.

CHAPERON-ROUGE.

Est-ce fini ? Vous n'avez plus rien à dire ?

TOUS.

Que te faut-il davantage ?

CHAPERON-ROUGE.

Écoutez-moi, mes enfants, écoutez-moi quelques minutes. Je ne suis point le démon pernicieux et malin pour lequel vous voulez bien me prendre, et j'éprouve un profond chagrin de tous les malheurs qui vous arrivent. Etes-vous tant à plaindre, du reste ? Chacun de vous me doit une journée adorable, qui n'a duré que vingt-quatre heures, il est vrai, mais ce n'est point par ma faute. Ne vaudrait-il pas mieux accepter vos maux présents en souvenir des bonheurs passés, vous résigner un peu et me remercier beaucoup ? Telle que vous me voyez, mes pauvres amis, je vais payer dans quelques instants mes plaisirs d'hier et de cette nuit. Un loup est là qui s'impatiente à m'attendre, et pour évi-

ter sa dent cruelle, je ne puis rien faire, hélas ! Il est
dans ma destinée de Chaperon-Rouge d'accepter cette
mort sans me plaindre ; — imitez mon exemple, chers
enfants, et ne regrettez jamais un plaisir, si cher que
vous ayez pu le payer : le bonheur n'a pas de prix ; il
n'y a que des sots pour le marchander. Et maintenant
je me livre à votre vengeance, faites de moi ce que
vous voudrez.

TOUS.

Si jolie et si malheureuse ! Comment pourrions-
nous lui en vouloir ?

CHAPERON-ROUGE.

Là ! j'en étais bien sûre que vous ne me feriez pas de
mal ; vous êtes des enfants, de bons enfants, et je veux
vous laisser un souvenir de moi. (*Quittant ses boucles
d'oreilles.*) Une cerise pour chacun. Tenez, et gardez-
les jusqu'à demain... C'est bien long, n'est-ce pas?..
Allons, adieu, mes amis, et songez quelquefois au Chaperon-Rouge. (*S'adressant au fou.*) Et toi ! veux-tu
venir m'embrasser un brin, un dernier brin ?

LE FOU, *gambadant sans l'entendre.*

Alors le colibri dit à la princesse : Le moment est venu
de nous séparer... Tra la la la, deri deri, la la.

CHAPERON-ROUGE.

Il n'a pas beaucoup de mémoire, mon amoureux...
(*Huit heures sonnent.*) Allons, voici le moment; tous
les romans ont une fin, le mien comme les autres ; il
est plus court, et voilà tout. Bonsoir, la compagnie.
(*Elle entre dans la maison.*)

TOUS.

Adieu, Chaperon. (*On entend un grand bruit à l'intérieur.*)

SCÈNE VIII

LES MÊMES, POLONIUS, *accourant à toutes jambes.*]

POLONIUS.

Arrêtez! arrêtez!... Hélas! toujours trop tard! Oh!
comme l'expérience et la sagesse sont boiteuses à courir après la folie et l'imprévoyance. J'ai beau me hâter,
je ne puis jamais arracher le Chaperon-Rouge à la
gueule du loup. (*S'adressant à ceux qui l'entourent:*)
Çà, vous autres, je devine qui vous êtes : des victimes
de cette petite malheureuse. Suivez-moi, je vais répa-

rer tout le mal, et vous remettre dans la bonne voie. (*Au fou qui ne l'écoute point.*) Venez-vous, monsieur!

LE FOU.

Non, merci, merci. J'ai terminé mon histoire, et le colibri est mort ; vous me ramèneriez à l'hôpital ; je préfère me noyer. J'aime les romans qui finissent mal. (*Il se jette dans le puits.*)

POLONIUS, *gravement.*

Voilà le sort des fous et des imprévoyants, du Chaperon-Rouge et des siens. Avis au public.

(*Ils sortent.*)

FIN

LES

AMES DU PARADIS

MYSTÈRE EN DEUX TABLEAUX

LES
AMES DU PARADIS

MYSTÈRE EN DEUX TABLEAUX

PREMIER TABLEAU

—

DANS CE MONDE

—

Un nid d'amoureux. — Il est tard. — La Maîtresse est couchée, mourante. — L'amant sanglote à son chevet. —
Dans un coin, la garde-malade ronfle. — La veilleuse
éclaire la chambre à demi.

SCÈNE PREMIÈRE

L'AMANT.

Souffres-tu toujours ?

LA MAITRESSE.

Oh ! oui, j'ai mal, j'ai bien mal ; les tempes me

brûlent, les pieds me cuisent, tellement ils ont froid.
Tiens, touche.

L'AMANT.

Pauvres petits !

LA MAITRESSE.

C'est égal, tant que je t'aurai près de moi, la mort
ne me fera pas peur. A tes côtés, je n'ai jamais eu
peur; il me semble que tu seras plus fort que la
tombe.

L'AMANT.

Oui, chère âme, oui, je suis fort et je t'aime, et nul
n'oserait t'arracher de mes bras.

LA MAITRESSE.

Je ne veux pas que tu m'embrasses; je dois sentir
la fièvre et la mort.

L'AMANT.

Et moi, je ne veux pas que tu parles ainsi ; ce que
tu as n'est presque rien ; les médecins sont des ânes,
m'entends-tu ; les médecins sont tous des ânes. Tu
souffres ? Veux-tu que je réveille la garde.

LA GARDE, *s'éveillant en sursaut.*

Voilà, voilà! Ne vous effrayez pas, ma petite dame, ce n'est qu'une crise, et cela va passer. J'en ai vu qui revenaient de bien plus loin que vous. (*Elle vient vers le lit.*)

LA MAITRESSE.

Merci, bonne femme, je vais mieux; laissez-moi. (*Bas à son amant.*) Dieu! que cette vieille est laide, mon ami!

LA GARDE, *grommelant.*

Quand les vers se seront mis à ton satin, tu seras autrement laide que moi, comptes-y. (*Elle se rendort.*)

LA MAITRESSE.

Je ne sais à quoi cela tient, mais il me semble que mes sens se décuplent pour acquérir une merveilleuse finesse. Mes yeux y voient si loin et si clair, que regarder me fait mal; j'entends autour de moi mille bruits inconnus: mon cœur qui bat, le plancher qui craque. Ma peau me paraît d'une douceur et d'une transparence inouïes! Que tu es beau, ami, et quel dommage, si je te perds!

L'AMANT.

Pourquoi parler de nous quitter, quand nous sommes dans les bras l'un de l'autre? Pourquoi se torturer, pourquoi s'effrayer en vain?

LA MAITRESSE.

Oh! je ne m'effraie pas; je te jure qu'en ayant ta main dans la mienne, tes yeux sur mes yeux, ton haleine sur mes lèvres, je suis prête à faire le grand voyage sans trop de regrets. Mourir en pleine joie, en plein amour!... J'ai toujours rêvé de partir ainsi. Eh bien! qu'as-tu?

L'AMANT.

Tu vois, je pleure.

LA MAITRESSE.

Comment, tu pleures? tu pleures, et c'est moi!... Venez vite, chers yeux, que je boive toutes vos larmes... Voilà qui est fait, n'en parlons plus. (*Long silence.*) — Sais-tu qu'il faut que je t'aime bien pour n'avoir pas de remords à propos de l'autre? Que veux-tu! l'amour de toi remplit tellement mon cœur qu'il n'y laisse pas le moindre coin où se puissent glisser l'image du passé et le remords.

L'AMANT.

Chère femme!

LA MAITRESSE.

Le jour où j'ai, pour te suivre, tout rompu et tout oublié, je me suis dit qu'une heure viendrait sans doute où je pleurerais amèrement sur cette méchante action que me dictait mon cœur. Eh bien! je t'assure, ami, que cette heure triste n'est pas encore venue et qu'elle ne viendra jamais. Non! Je ne regrette pas mes fautes, et pour l'homme que j'aime, je suis prête... Oh! que je souffre! que je souffre! (*On frappe; la garde, réveillée en sursaut, court ouvrir.*)

LA MAITRESSE, *se dressant effarée.*

Qui est là? Qui vient là, ami?

LA GARDE, *revenant.*

Monsieur! c'est un prêtre.

L'AMANT.

Un prêtre? Qui l'appelle? Que veut-il? Quel besoin a-t-on d'un prêtre ici!

LA MAITRESSE, *cachant sa figure.*

Oh ! un prêtre ! un prêtre !

LA GARDE.

C'est le curé de l'église à côté; un bien brave homme, madame. Il envoie du bordeaux à tous les malades qu'il confesse.

L'AMANT.

Dites à cet homme de s'en aller.

SCÈNE II

LES MÊMES, LE PRÊTRE.

LE PRÊTRE, *s'avançant.*

C'est cela, on accueille un charlatan, et on chasse le prêtre.

L'AMANT, *allant au-devant de lui.*

Que voulez-vous de nous, monsieur ? Vous savez

bien que votre présence effraie les malades, et qu'ils flairent une nouvelle de mort dans les plis de votre soutane. Personne ne veut mourir ici, monsieur l'abbé; vous n'avez rien à faire chez nous.

LA MAITRESSE.

Ami, tais-toi.

LE PRÊTRE.

Je ne viens pas pour ceux qui veulent mourir, je viens pour ceux qui veulent vivre.

L'AMANT.

Nous avons vécu sans vous jusqu'à ce jour; allez à qui vous réclame.

LA MAITRESSE.

Par pitié, tais-toi! tais-toi!

LA GARDE.

Oh! monsieur, ce que vous dites là portera malheur à votre dame.

L AMANT, *exaspéré*.

Toi, d'abord, vieille gueuse, bouche close où je te

chasse! Tonnerre de sort! je suis le maître ici. (*Il
s'approche de la malade et lui prend la main.*) Et toi,
chère femme, consentiras-tu à introduire un étranger
dans ton cœur? Cette âme, dont j'ai gardé jusqu'à ce
jour la clef d'or pour moi seul, voudras-tu l'ouvrir à un
autre que ton ami? Eh! quoi! me rendrais-tu jaloux de
cet homme qui vient nous dérober nos chers secrets,
pénétrer brutalement dans notre sanctuaire, et fouler
aux pieds nos beaux tapis d'amour? Ne serais-je pas
trop malheureux de te voir parler à voix basse à un
autre que moi, t'épancher dans le sein d'un autre que
ton amant, pleurer, sur une autre épaule que la mienne,
des larmes qui ne seraient pas des larmes d'amour
pour moi? S'il est vrai que tu ailles mourir, ne serait-
ce pas affreux de me priver des quelques instants qui
me restent à passer avec toi? A la veille d'un grand
départ et d'une éternelle séparation, nos moindres
minutes ne doivent-elles pas nous être d'un prix ines-
timable? Maîtresse, maîtresse, réponds-moi!

LE PRÊTRE, *s'approchant de l'autre côté du lit, et
prenant l'autre main de la malade.*

Ma fille, avant de paraître devant Dieu, ne voulez-
vous pas faire belle votre âme et lui remettre sa blanche
robe d'innocence? Consentez-vous à vous condamner à
d'éternelles souffrances, et si le souci de vous-même
ne vous touche pas, voulez-vous livrer aux supplices

rouges de l'enfer cette âme malheureuse que l'adultère tient liée à la vôtre?

LA MAITRESSE.

Vous me faites bien du mal, tous les deux.

LE PRÊTRE.

Ma fille, ma fille, la mort est là et Dieu la suit.

L'AMANT.

Femme, femme, je suis près de toi; femme, je t'aime!

LA MAITRESSE.

Oh! ce que je ressens est terrible! Quel duel! quelle
lutte! La vue de ce prêtre réveille en moi tout un monde
de remords et de frayeurs; les remords m'assaillent et
l'amour ne s'en va pas. Ecoutez, monsieur le curé; —
cher homme, écoute-moi, je t'en prie; — ne me tor-
turez pas trop, n'est-ce pas? — Puisque je vais mourir,
vous devez m'épargner; — par pitié, épargnez-moi!
(*Au prêtre.*) Je veux bien entendre les bonnes paroles
que vous m'apportez, monsieur; — mais il ne faudra
pas me parler contre lui; — ce serait peine perdue

(*A l'amant.*) Ne crains rien, ami; je suis à toi toute et toujours, et je sens qu'en punissant mon âme de ses fautes, je vais la rendre plus digne de ton amour. — Monsieur le curé, je vous écoute.

LE PRÊTRE.

Ma fille, Dieu vous parle par ma bouche, et ne veut parler qu'à vous seule.

LA MAITRESSE.

Tu l'entends, ami.

L'AMANT.

Ainsi, tu me chasses, tu me chasses!

LA MAITRESSE.

Mais non, tu vas me revenir, et tu me trouveras plus belle. (*D'une main défaillante, elle lui envoie un baiser. — L'amant et la garde sortent.*)

SCÈNE III

LE PRÊTRE, LA MAITRESSE.

LE PRÊTRE.

Au nom du Dieu vivant, ma fille, je vous adjure d'oublier les choses de ce monde pour ne songer qu'à votre éternel salut.

LA MAITRESSE.

Hélas ! monsieur, les choses de ce monde sont les seules que je connaisse.

LE PRÊTRE.

Il en est d'autres qu'il faut apprendre.

LA MAITRESSE.

Je voudrais bien apprendre ce que j'ignore, mais ne rien oublier de ce que je sais.

LE PRÊTRE.

Prenez garde que Dieu, lui aussi, ne veuille rien oublier.

LA MAITRESSE.

Dieu peut me défendre de vivre, mais il ne saurait me défendre d'aimer.

LE PRÊTRE.

Dieu ne défend pas de vivre, Dieu ne défend pas d'aimer. Dieu commande la vie honnête et l'amour sans tache. Avez-vous aimé purement, avez-vous vécu honnêtement? Si vous êtes sûre de votre vie et de vous-même, si rien ne s'émeut à ma voix dans votre conscience, vous êtes trois fois bénie, ma fille, et je n'ai plus qu'à vous donner le baiser de paix.

LA MAITRESSE.

Je ne suis qu'une pauvre créature qui a toujours suivi l'élan de son cœur; ce cœur n'a pas voulu de celui qu'on lui avait donné pour maître, mais il s'est livré ailleurs et tout entier. L'homme que vous avez vu à mon chevet est mon amant. Un jour, lasse de mes arides devoirs d'épouse indifférente, j'ai dit à cet homme : « Emmène-moi d'ici, je ne veux plus vivre qu'avec « toi. » Et nous nous sommes aimés jusqu'à ce jour comme des perdus.

LE PRÊTRE.

Malheureux enfants !

LA MAITRESSE.

Vous voyez bien, n'est-ce pas, que votre religion ne peut rien pour moi. Elle m'ordonne de ne plus songer à celui qui fut ma vie et ma joie; à ce prix seul, j'ai droit à votre paradis. Mais, moi morte, l'être chéri que je laisserai seul ne me pardonnera pas ma trahison du dernier moment, il maudira ma mémoire, il maudira ce Dieu pour qui je l'aurai renié, et quand l'heure triste sonnera pour lui, il me laissera jouir seule des délices de mon paradis. — Oh! alors que serait-il pour moi, ce paradis loin de l'homme que j'aime! Et quel remords, au milieu de mon bonheur! songer qu'un autre, — et quel autre, mon Dieu! — paie d'éternelles tortures sa fidélité à nos serments d'éternel amour, tandis que moi, l'infidèle et la renégate, je jouirai en paix du prix de ma pieuse trahison!

LE PRÊTRE.

Dieu, qui prend en pitié toutes les faiblesses, a songé d'avance à ceci, mon enfant; dans son paradis, on jouit d'un bonheur complet que ne troublent en rien les profanes souvenirs de la terre. Vous n'aimerez que Dieu, ma fille, et vous oublierez le reste.

LA MAITRESSE.

L'oubli, l'oubli! c'est le grand mot de votre religion.

LE PRÊTRE.

Ma fille, ne poussez pas à bout un Dieu clément qui ne demande qu'à vous pardonner ; humiliez-vous, ô pauvre pécheresse, joignez les mains, courbez la tête et priez ; priez, il en est temps encore. Allons, qu'une sincère contrition, allons, qu'une prière ardente lavent ces lèvres et ce cœur de tout contact et de tout attachement impurs. Priez, ma fille; Dieu vous écoute, vous juge et vous pardonne. — (*Après quelque hésitation, la maîtresse joint les mains et courbe la tête. — Ils parlent tous les deux longuement, à voix basse.*)

LA MAITRÉSSE, *relevant la tête.*

Et maintenant je puis mourir, puisque me voilà réconciliée avec mon Seigneur.

SCÈNE IV

LE PRÊTRE, LA MAITRESSE, L'AMANT.

L'AMANT, *entr'ouvrant la porte.*

Mon supplice est-il terminé? — Ont-ils fini de se parler à voix basse? — (*Il s'approche du lit.*)

LE PRÊTRE, *à genoux.*

Mon fils, ne troublez pas cette âme en prière.

L'AMANT.

Chère maîtresse, tournez un peu vos yeux vers moi.

LA MAITRESSE, *d'une voix faible.*

J'éprouve un bien-être indicible; — je respire plus librement; — que c'est doux la paix du cœur, et qu'il fait bon mourir avec elle!

LE PRÊTRE.

Prenez ce crucifix et le serrez avec ferveur sur vos lèvres!

L'AMANT.

Maîtresse, réponds-moi; — je suis à tes côtés et je te parle.

LA MAITRESSE, *en extase.*

J'entends là-haut des voix qui m'appellent.

L'AMANT.

Mais non ! chère femme, c'est moi qui t'implore, c'est moi , c'est ton amant.

LE PRÊTRE.

Mettez-vous à genoux, mon fils, et priez pour elle.

L'AMANT.

A genoux? — Pourquoi faire? — A genoux? — Ma place est dans ses bras. — Ecartez-vous donc, monsieur, vous m'empêchez de m'approcher de ma femme.

LA MAITRESSE , *de plus en plus affaiblie.*

Restez à mes côtés, mon père ; — exhortez-moi, soutenez-moi.

L'AMANT.

Miséricorde ! Elle ne m'aime plus ; on lui a dit de ne plus m'aimer!

LA MAITRESSE.

Je vais à vous, mon Dieu.

L'AMANT, *fondant en larmes.*

Oh! je le savais, je le savais!

LE PRÊTRE.

Courage, ma fille; Dieu vous regarde et vous tend
les bras.

L'AMANT.

Oh! un regard! ton dernier regard! Un baiser! ton
dernier baiser! Amante, amie, maîtresse, femme,
tourne-toi vers moi, une fois, une fois encore! Cette
dernière caresse qui tremble au bout de tes lèvres,
pour qui donc la gardes-tu, à qui veux-tu la donner?

LA MAITRESSE, *baisant le crucifix.*

Mon Dieu, je vous aime. (*Elle meurt.*)

L'AMANT.

Elle est morte! elle est morte! (*Il tombe sur un siége,
la tête dans ses mains.*)

LE PRÊTRE.

Que son âme courageuse repose en paix dans le Seigneur! (*Il se lève, ferme les yeux de la maîtresse, tire les rideaux du lit, puis s'approche de l'amant.*)

L'AMANT.

Morte, sans me parler! morte, sans me dire adieu!

LE PRÊTRE.

Mon fils, Dieu ne bénit jamais les unions criminelles; que cette mort vous soit du moins un salutaire exemple!

L'AMANT.

Morte, en rougissant de moi! morte en me reniant!

LE PRÊTRE.

Revenez à Dieu, mon fils, c'est le seul maître qui console.

L'AMANT.

Merci, monsieur.

LE PRÊTRE.

Dieu vous guér r de cette affection funeste.

L'AMANT.

Je désirerais pleurer en paix, monsieur ; je vous salue.

LE PRÊTRE.

Vous n'êtes pas à ce point enraciné dans le mal...

L'AMANT, *il se lève.*

Monsieur, la douleur rend quelquefois méchant ; je vous conseille de vous retirer. Vous m'avez enlevé ma maîtresse, vous m'avez pris son amour, son dernier regard, sa dernière caresse, toutes choses qui m'appartenaient ; il n'y a plus rien a emporter ici ; — croyez-moi, allez-vous-en.

LE PRÊTRE, *se retirant.*

Le malheureux !

SCÈNE V

L'AMANT, LA GARDE.

LA GARDE, *timidement.*

Monsieur ?... Monsieur ?

L'AMANT, *la tête dans ses mains.*

Moi qui l'aimais tant!

LA GARDE.

Faut-il coudre le corps?

L'AMANT.

Attendez jusqu'à ce soir, vous en aurez deux au lieu d'un.

FIN DE LA PREMIÈRE PARTIE.

DEUXIÈME TABLEAU

—

DANS L'AUTRE MONDE

——

L'enfer. — Le cercle des suicidés. — Les damnés vont et viennent en hurlant au milieu des flammes. — L'amant s'avance, soutenu par deux démons.

SCÈNE PREMIÈRE

LES DAMNÉS.

Quel est ce nouveau frère en douleur qu'on nous amène? — Le sang coule à flots de sa poitrine déchirée et trace sur sa route un long sillon rouge. Comme il est faible! comme il est pâle! Encore un à qui la vie était à charge et qui a mis le fardeau de côté; faisons-lui vite une place au milieu de nous et qu'il apprenne ce qu'on souffre ici-bas à n'avoir plus voulu souffrir là-haut.

L'AMANT.

Quel rêve, quel affreux rêve! Cette fumée m'étouffe! ces flammes m'aveuglent...

LES DÉMONS.

Pour celui-ci, le cas est grave ; dans quel cercle allons-nous le conduire ? Le mettrons-nous avec les athées, les adultères ou les suicidés ? Coupable de ces trois crimes : il vivait avec une femme mariée, il a blasphémé Dieu, il est mort volontairement. Le cas est grave, délibérons : toi, damné, pendant ce temps que nous tenons conseil, tu peux te promener au milieu des flammes ; des murs de triple airain nous assurent de ta personne. (*Ils délibèrent.*)

L'AMANT.

Ce cauchemar est épouvantable !

LES DAMNÉS, *l'entourant.*

Frère, raconte-nous ton histoire ; — c'est l'unique soulagement que tu puisses avoir à tes souffrances.

L'AMANT.

Encore, encore ! Que veulent ces noirs fantômes, ces squelettes calcinés ? C'est mon rêve qui continue ; mais je sais bien que je vais me réveiller dans mon grand lit, dans ma chambre pleine des rayons du matin ;

mes chardonnerets pépient sur la fenêtre et ma maîtresse dort à mes côtés.

LES DAMNÉS.

Il en est encore à la période du rêve; tous, nous avons
passé par là; quand il verra son rêve durer des jours
entiers, des années entières, des siècles et des éter-
nités, il commencera peut-être à se croire éveillé.

L'AMANT.

Ne pourrait-on donner un peu d'air ici, messieurs?
je vous jure que je vais étouffer.

LES DAMNÉS.

Dans cent mille ans, tu jureras encore que tu
étouffes.

L'AMANT.

Non, je ne dors pas! Non, je ne rêve pas! Jamais
douleurs pareilles n'ont suivi l'homme dans ses songes.
—Oh! maintenant je me souviens.

LES DAMNÉS.

Puisque tu te souviens, parle et dis-nous ton histoire.

L'AMANT.

Je me souviens que j'aimais une femme ; je me souviens qu'elle est morte ; je me souviens que je me suis tué pour l'aller rejoindre plus vite. Le froid d'un couteau dans ma poitrine, l'impression d'une chute immense, le brûlant contact des flammes et d'une chaleur suffocante ; voilà encore ce dont je me souviens.

LES DAMNÉS.

Et ta maîtresse, l'as-tu vue ? où est-elle ?

L'AMANT, *à voix basse.*

Elle a fait sa paix avec Dieu avant de mourir.

LES DAMNÉS.

Nous te plaignons alors, car nos douleurs ne seront rien auprès des tiennes. Les supplices de l'enfer seront doublés pour toi d'une éternelle séparation.

L'AMANT.

Elle s'est convertie seulement à l'article de la mort, et j'espère encore que Dieu n'aura pas voulu lui pardonner.

LES DAMNÉS.

En ce cas, tu la trouveras ici ; ou plutôt, non, tu la sauras ici et tu ne pourras la rejoindre, — parqué comme tu l'es, avec nous, dans le cercle des suicidés.

LES DÉMONS.

Approche, triple damné, et viens entendre la décision qu'on prend à ton égard : Juif errant de l'enfer, tu n'appartiendras à aucun cercle déterminé, mais tu iras de l'un à l'autre pendant toute l'éternité, aujourd'hui avec les athées, demain avec les adultères, pour avoir ta part de tous les châtiments, comme tu as eu ta part de tous les vices. — Hop ! en route.

LES DAMNÉS.

A revoir, frère, à revoir ! et puisses-tu rencontrer dans nos flammes la femme que tu cherches !—(*L'amant sort suivi de démons ; — on entend des cris de rage et des hurlements de douleurs.*)

SCÈNE II

Même tableau que le précédent. — Damnés et démons.

(*Entre l'amant.*)

L'AMANT.

Vainement j'ai cherché ; elle n'est pas ici, et c'est pour moi maintenant une certitude qu'elle m'a renié en mourant ! Me voilà donc condamné à d'éternels supplices pour n'avoir point failli à mes serments d'amour. — Va, misérable ! rouler de cercle en cercle, toujours poursuivi par des flammes dévorantes ; — marche toujours, marche sans repos ni trêve ; sois de toutes les tortures ; prends ta part de toutes les douleurs, cependant que là-haut l'épouse menteuse et renégate te regarde brûler du milieu de son paradis aux délicieuses fraîcheurs.

LES DAMNÉS.

Eh bien ! frère, as-tu trouvé celle que tu cherchais ?

L'AMANT.

En traversant le cercle des adultères, j'ai vu des couples infortunés, éternellement liés l'un à l'autre, se tordre et rouler ensemble au milieu des flammes ; — comme ils souffraient, comme ils étaient misérables ! Et pourtant leur misère m'a fait envie, leurs souffrances m'ont rendu jaloux ; et j'ai pleuré en songeant qu'eux du moins étaient deux pour souffrir.

LES DAMNÉS.

Il est facile de comprendre à ta douleur que ta maîtresse n'était dans aucun des cercles infernaux ; en ce cas, frère, sois heureux, car tu vas la voir aujourd'hui même.

L'AMANT.

Comment ! elle est ici, elle est parmi vous ? et vous le savez, et vous meegardez pleurer, et vous me laissez souffrir ! — Vite, vite, parlez et me dites où elle se cache, — que j'aille me jeter dans ses bras !

LES DAMNÉS.

Ecoute : — ta maîtresse est au paradis, et cependant tu vas la voir. — Arrivé depuis hier parmi nous, tu ne connais pas encore les usages de la maison ; mais — rassure-toi, — tu auras certes bien le temps de les apprendre ; — sache donc, ô damné novice, que c'est aujourd'hui le jour de la Fête-Dieu ; — ce jour-là, — qui revient pour nous une fois par année, — les chau-

dières infernales cessent de bouillir, les hauts-four-
neaux s'éteignent, les instruments de supplice sont
mis de côté, les démons se croisent les bras; en un
mot, l'enfer chôme ; puis, le plafond d'airain chauffé
à blanc qui pèse sur nos têtes s'entr'ouvre, et là-haut,
bien haut, bien haut, nous voyons passer, — glissant
à travers les nuages, — tous les saints et saintes, les
chérubins, les anges, les trônes, les dominations, les
archanges, qui font la procession tout autour du paradis, en répandant les fleurs — à pleines corbeilles, —
les parfums — à pleins encensoirs. Derrière, marche
gravement et les yeux baissés, la longue litanie des
âmes bienheureuses, parmi lesquelles tu vas reconnaître celle que tu cherches.

L'AMANT.

Bénis soyez-vous, mes frères, pour la bonne nouvelle que vous me donnez, et la bouffée d'espoir que
vous faites se glisser dans mon âme. Si je puis voir ma
maîtresse, je suis sauvé.

LES DAMNÉS.

Sauvé ! — Que veux-tu dire par là ?

L'AMANT.

Croyez-vous que ma voix ne puisse monter jusqu'à
son oreille ?

LES DAMNÉS.

A son oreille, oui ; mais à son âme...

L'AMANT.

Oh ! je suis sûr qu'en voyant ici l'homme qu'elle a
tant aimé, en entendant la voix qui lui fut si chère,
elle viendra partager mes souffrances, ou qu'elle in-
tercédera auprès de Dieu pour me faire participer à son
bonheur.

LES DAMNÉS.

Ah ! Juif errant, Juif errant, tu es bien naïf !

L'AMANT.

Croyez-vous que Dieu refuse quelque chose à ses
âmes du paradis?

LES DAMNÉS.

Les âmes du paradis refusent tout aux âmes de
l'enfer !

L'AMANT.

Non ! vous ne la connaissez pas cette chère maîtresse. Si vous saviez comme elle m'aimait ! — L'approche de la mort, les patenôtres du prêtre ont pu lui troubler la cervelle à sa dernière heure, mais je n'aurai, j'en suis sûr, qu'un mot à dire pour qu'elle me revienne tout entière, — comme par le passé.

LES DAMNÉS.

L'air du paradis est fatal à la mémoire ; chacun de nous a là-haut un parent, un ami, un frère, une sœur, une mère, une femme ; — de ces êtres chéris nous ne pûmes jamais obtenir même un regard.

L'AMANT.

Vous n'avez été jamais aimé, — comme moi.

LES DAMNÉS.

Eh bien ! donc lève-toi, damné ; — l'heure est venue de tenter l'aventure. Puisses-tu, pauvre âme, être plus heureuse que nous.

SCÈNE III

Le plafond de l'enfer s'entr'ouvre. — Une musique se fait
entendre, d'une douceur infinie. — La procession céleste
s'avance à travers les nuages; Saint-Pierre vient derrière, les clefs du paradis à la main. — Dans les dernières files des chérubins, passe la maîtresse, vêtue
d'une robe blanche. — Saints et saintes jetant des fleurs.

LES DAMNÉS.

Les voilà! les voilà! — Que c'est beau! — Oh! la
délicieuse bouffée d'air qui nous arrive! et quelle ex-
quise odeur d'encens!

UN DAMNÉ.

Au milieu des âmes bienheureuses, voyez-vous
celle-là qui marche la tête incliné, — un missel doré
dans les mains, — et de beaux cheveux blancs en nattes sur le front? — Mes yeux et mon cœur l'ont recon-
nue, — c'est ma mère!

AUTRE DAMNÉ.

Mes yeux et mon cœur l'ont aussi reconnu ce petit
chérubin vêtu de mousseline, à ceinture d'azur, — qui

agite dans l'air, — de toutes les forces de ses bras do-
dus et roses, — une bannière à fleurs d'or plus grande
que lui; — c'est ma sœur, ma petite Anna que j'ai tant
pleurée.

PREMIER DAMNÉ.

Pauvre mère! comme elle m'aimait autrefois! —
C'est elle qui m'a nourri, oui, messieurs, elle-même,
— une petite femme, grosse comme le poing, — et
qui n'avait pas trois souffles de vie. Elle m'aimait à en
mourir. — Je n'ai jamais été joyeux, — qu'elle n'ait
souri; — triste, qu'elle n'ait pleuré. — Ah! misère
sur moi! son cœur a bien changé, — depuis qu'elle
habite là-haut.

DEUXIÈME DAMNÉ.

Chère sœur, sœur adorée! — Elle est morte le jour
de sa première communion; c'était un ange dépaysé;
mais, depuis qu'elle est retournée à son paradis, elle
a bien oublié ce frère tant aimé, qui lui racontait de
belles histoires, — dans les longues après-dîners
d'hiver.

PREMIER DAMNÉ.

Mère, mère! un regard pour ton fils, ton cher
amour d'autrefois! — Hélas! elle est déjà loin et mes

cris n'ont en rien troublé le mouvement rhythmique et
doux de sa marche.

DEUXIÈME DAMNÉ.

Sœur chérie, c'est ton frère qui t'appelle, — ce
frère qui tant de fois t'a portée sur ses épaules, — et
tant de fois fait sauter dans ses bras! — Rien, rien! pas
même un regard!... (*Il pleure.*)

LES DAMNÉS, *à l'amant.*

Eh bien! frère, qu'en dis-tu? — As-tu toujours con-
fiance?

L'AMANT.

Toujours! — Ma chère maîtresse vaut mieux que
toutes ces femmes. (*En ce moment, une pluie de roses
vient tomber au milieu des damnés. — Ils se les arra-
chent avec fureur.*)

UN DAMNÉ, *mâchant une rose.*

Oh! les fleurs! que c'est bon!

UN DÉMON, *s'approchant de lui.*

La rose que tu savoures te coûtera cher tout à
l'heure.

CHOEUR DES ANGES.

Gloire à Dieu au plus haut des cieux !

L'AMANT.

Rien ! je ne vois rien encore !

LES DAMNÉS.

C'est une des dernières arrivées au paradis, cherche dans les derniers rangs.

L'AMANT, *avec transport.*

Je la vois ! je la vois ! — La troisième à gauche, dans l'avant-dernière litanie ! Qu'elle est belle ! plus belle mille fois que je ne l'ai jamais eue ! Oh ! mes yeux ne peuvent se rassasier de la voir ! — Mes frères, mes frères ! embrassez-moi, je suis heureux.

UN DÉMON, *s'approchant de lui.*

Tu me paieras ce bonheur là ce soir ; en attendant, prends cet à-compte. (*Il le frappe.*)

L'AMANT, *se roulant sur le sol.*

Miséricorde ! Que je souffre !

CHŒUR DES ANGES.

Gloire à Dieu au plus haut des cieux !

L'AMANT, *d'une voix terrible.*

A mon secours ! maîtresse, à moi !

SAINT PIERRE.

Avez-vous entendu ce cri de douleur, mes enfants ?
Quelque damné qu'on torture ? Pauvres, pauvres gens!

L'AMANT.

Maîtresse, maîtresse, à moi !

SAINT PIERRE, *aux âmes du Paradis.*

Je crois, chères mies, qu'on appelle l'une de vous.

L'AMANT.

Marie, Marie, chère femme!

SAINT PIERRE.

Décidément, c'est quelqu'un qui appelle! Harpes d'or
et chœurs célestes, faites silence !

L'AMANT.

Marie, c'est moi qui t'appelle, c'est moi, c'est ton ami, c'est ton maître.

SAINT PIERRE, *à la maîtresse.*

Mademoiselle Marie, on a prononcé votre nom par là-bas ; regardez, en vous penchant par-dessus ce nuage, ce qu'on peut vous vouloir.

LA MAITRESSE, *penchée sur l'enfer.*

Qui m'appelle ?

L'AMANT.

Ah ! je savais bien que tu me répondrais ; ils disaient que tu m'avais oublié ; ce n'est pas vrai, n'est-ce pas ? Reste, reste longtemps ainsi, que je contemple ton aimable et doux visage.

SAINT PIERRE, *à la maîtresse.*

Vous connaissez donc ce pauvre homme, chère âme.

LA MAITRESSE.

Mais non, grand saint Pierre, je vous assure que non.

SAINT-PIERRE.

Cherchez, ma mie, cherchez bien.

LA MAITRESSE.

Eh ! non ! Je n'ai jamais connu cette face noirâtre où le péché vilain est écrit, ces yeux brûlés, ces paupières roussies, ces membres calcinés et noirs de suie ; où voulez vous que je les aie connus ?

L'AMANT.

Oui, je te comprends, tu cherches à venir me rejoindre, ou à m'attirer vers toi. Oh ! comme nous allons nous étreindre, et quel bonheur de continuer dans la mort nos belles amours de la vie !

LES AMES DU PARADIS.

Il paraîtrait que notre sœur a connu ce monsieur autrefois !

LA MAITRESSE, *indignée.*

Je n'ai jamais connu que le Paradis, jamais aimé que mon Seigneur. Grand saint Pierre, dites à ce damné qu'il se trompe.

SAINT PIERRE, *à l'amant.*

Mon pauvre enfant, la chère âme ne vous connaît pas.

LES DÉMONS ET LES DAMNÉS, *ricanant.*

Ah ! ah! ah ! ah ! — Hi ! hi ! hi ! hi !

L'AMANT.

Affreux, affreux mensonge ! ces yeux qui tant de fois se sont plongés dans mes yeux, ces lèvres qui savaient si bien le chemin de mes lèvres, ces cheveux qui baisaient les miens, ces bras qui m'enlaçaient ; tout cela me connaît, tout cela doit me connaître. Marie, tu l'as donc oubliée notre petite chambre de la rue de l'Ouest et l'amoureuse vie que nous y menâmes?

LA MAITRESSE, *à saint Pierre.*

Je ne sais ce dont on me parle.

SAINT PIERRE.

Dame ! écoutez donc : si vous avez habité tous les deux la rue de l'Ouest!

L'AMANT.

Et les longues soirées d'été, — fenêtres ouvertes, — les senteurs fraîches montant du Luxembourg, dont les grands arbres flottaient dans l'ombre devant nous, l'harmonieux clavier où tes mains erraient au hasard de ton âme. Tout ce cadre adorable de notre passion, toutes ces choses de notre amour, les renieras-tu aussi ?

SAINT PIERRE, *à la maîtresse.*

Là ! je suis curieux de savoir ce que vous avez à répondre.

LA MAITRESSE.

J'ignore ce qu'on veut me dire

L'AMANT.

Eh bien ! non, vous verrez qu'elle aura tout oublié, tout ; nos courses dans les bois par les brumeux jours d'automne, et nos longues rêveries au bord des étangs de Chaville ; les pleurs mystérieux qui gonflaient nos yeux ; ces indicibles frissons qui faisaient trembler sa main sur mon bras, mon bras sous sa main, puis nos fins dîners sur l'herbe avec des baisers pour entremets, et ce jour où le garde de Viroflay la surprit grimpée

sur un cerisier ; t'en souviens-tu, Marie ? les cerises
dansaient dans tes cheveux noirs, tu étais adorable
ainsi ; tu en fus quitte pour un baiser sur la joue rata-
tinée du vieux garde ; que j'ai ri ce jour-là, bon Dieu !

LA MAITRESSE.

Allons-nous-en d'ici, saint Pierre ; ce malheureux
est fou.

SAINT PIERRE, *à la maîtresse.*

Voyons, ma fille ; cherche soigneusement dans tes
souvenirs si tu n'as pas connu ce malheureux garçon
quelque part ; Dieu ne t'en voudra pas, j'en suis sûr,
et une bonne parole ferait tant de bien à ce pauvre
damné. En conscience, te rappelles-tu Chaville, te souvient-il de Viroflay ?

LA MAITRESSE.

Viroflay ! Chaville ! — Non ! Je n'ai jamais connu ces
gens-là.

SAINT PIERRE, *à l'amant.*

Cher et pauvre enfant, cesse tes cris et tes prières ;
prières et cris n'y feront rien : elle ne se souvient pas.

L'AMANT.

Ah! vilaine! ah! méchante! toi, que j'ai tant aimée,
pour qui j'ai vécu, pour qui je suis mort, tu n'as pas
même un regret, un souvenir, une larme à me donner
en retour! Rien! Il ne reste plus rien pour moi dans
ton cœur; pas même de la haine, pas même du dégoût,
rien que l'oubli, le triste oubli! Tu ne le reconnais plus
ce corps meurtri, dévasté; ces traits, défigurés horri-
blement, tu ne veux plus les reconnaître; et c'est toi
pourtant la cause de ces meurtrissures et de cette dé-
vastation! C'est par toi, c'est pour toi que je suis ici;
c'est avec toi que j'y devrais être. Sans ton fatal amour
je n'aurais pas connu l'adultère; je n'aurais pas connu
le suicide. Eh bien! pour toutes mes souffrances pas-
sées et à venir, pour prix de mes douleurs éternelles,
de toi je ne veux qu'un souvenir; parle, créature maudite, parle, femme bien-aimée et dis-moi que tu te
souviens!

SAINT PIERRE, *ému*.

Oh! le pauvre enfant! Il fait vraiment de la peine;
j'en suis tout ému. (*Une grosse larme glisse le long de
sa joue et va rouler dans l'enfer. Un damné la happe
au passage.*)

LE DAMNÉ.

Oh! que c'est bon de boire!

5.

UN DÉMON, *s'approchant de lui*.

Toi, dans une heure, un litre de plomb fondu.

L'AMANT, *d'une voix éplorée*.

Ne t'en va pas! Marie, ne t'en va pas !

LA MAITRESSE, *retournant à son rang*.

Partirons-nous bientôt, grand saint Pierre?

SAINT PIERRE.

Il le faut bien, puisque vous ne vous souvenez pas. N'importe! me voilà triste pour longtemps. Allons, en route ! harpes d'or et chœurs célestes, un peu de musique! (*La musique reprend, la procession se remet en route. Le plafond de l'Enfer se referme.*)

SCÈNE IV

L'enfer dans toute son horreur.

L'AMANT, DAMNÉS, DÉMONS.

LES DAMNÉS.

En voilà jusqu'à l'année prochaine !

LES DÉMONS.

Ça maintenant, damnés, à vos fournaises ; vous allez cruellement expier vos vacances d'un jour. Toi, Juif-errant, reprends ta course effrenée à travers les cercles; torches de l'Enfer, allumez-vous ; épandez-vous, rivières d'huile bouillante ; ronflez, chaudières écarlates! Que tout flambe ! que tout flambe, et qu'un immense hurlement de douleur aille avertir le roi du paradis que ses anges de l'enfer font vaillamment leur besogne. Allons, Juif-errant, en marche.

L'AMANT, *levant ses poings calcinés vers le ciel.*

En marche, soit! et, puisqu'elle m'oublie, moi, je me souviendrai. Oui, ce beau pain blanc de l'amour, qu'elle refuse, moi, je veux m'en nourrir éternellement, éternellement m'en nourrir. Gardez donc votre bonheur, âmes infortunées, âmes du paradis. Il serait incomplet pour moi, et je n'en voudrais jamais, au prix dont il se paie ; j'aime mieux mille fois cet enfer où l'amant se souvient, que ce paradis où la maîtresse oublie.

FIN.

L'AMOUR-TROMPETTE

PERSONNAGES :

LE TROMPETTE.

LE MAJOR.

L'AIDE DE CAMP.

L'ADJUDANT.

CORNE-DE-BOEUF.

VENTERBICH.

COEUR-AU-VENTRE.

Mme PISTON, cantinière.

LE BOURGMESTRE.

LA BOURGMESTRESSE.

BOURGEOIS et BOURGEOISE .

RÉSÉDA, bouquetière.

L'AMOUR-TROMPETTE

La caserne des dragons bleus. — Grande cour ombragée.
— A droite et à gauche, les quartiers. — Le jour
tombe.

SCÈNE PREMIÈRE

CORNE-DE-BŒUF, *s'approchant de l'adjudant qui se*
promène de long en large.

Est-ce vrai ce qui se dit dans le quartier, mon adjudant?

L'ADJUDANT.

Savoir ce qui se dit dans le quartier, dragon?

CORNE-DE-BŒUF.

On prétend que nous avons un nouveau trompette?

L'ADJUDANT.

Très-vrai.

CORNE-DE-BOEUF.

Un trompette qui n'est pas comme tous les trompettes du monde.

L'ADJUDANT.

Subtil.

CORNE-DE-BOEUF.

Je veux dire qu'il n'a pas la taille d'un dragon bleu, pas même celle d'un homme...

L'ADJUDANT.

Exact.

CORNE-DE-BOEUF.

Révérence parlé, à quoi nous servira ce bout d'homme, mon adjudant?

L'ADJUDANT.

Pas mon affaire.

CORNE-DE-BŒUF.

Savez-vous à qui nous devons un pareil cadeau, mon adjudant ?

L'ADJUDANT.

Au colonel.

CORNE-DE-BŒUF.

Et croyez-vous, mon adjudant...

L'ADJUDANT.

Suffit ! (*Il reprend sa marche.*)

CORNE-DE-BŒUF, *se mêlant aux groupes de soldats.*

Adjudant peu causeur ; impossible de lui arracher deux mots de suite. — Et vous, madame Piston, savez-vous quelque chose sur le nouveau trompette ?

LA PISTON.

Il est venu prendre deux ratafias à la cantine, sur le coup de trois heures, à preuve que j'ai dû me laisser embrasser un brin, pour avoir la paix...

VENTERBICH, *indigné.*

Tarteifle !

LE TROMPETTE, *tombant au milieu d'eux.*

Messieurs, je suis votre serviteur !

LA PISTON.

Le voilà ! c'est lui !

LE TROMPETTE.

Madame Piston, permettez que je vous fasse mes baise-mains.

LA PISTON.

Est-il gentil, hein !

CORNE-DE-BŒUF.

Ça, de quel pays sortez-vous, jeune homme ? Quel est le terroir qui pousse des gaillards de votre taille?

CŒUR-AU-VENTRE.

D'honneur, c'est humiliant pour le régiment !

CORNE-DE-BŒUF.

Nous le mettrons dans nos poches, les jours de marche forcée.

LE TROMPETTE.

Messieurs les dragons, je vous en conjure, ne vous escrimez pas contre un papillon ; je ne suis point assez fort pour vous rendre vos coups, mais j'ai la bourse assez bien garnie pour vous offrir quelques taffias avant la retraite.

CŒUR-AU-VENTRE.

Pour ce qui est de l'éducation, il m'a l'air assez au courant de la chose.

VENTERBICH, *tendant son verre.*

Ia, bas maufais, tarteifle !

LE TROMPETTE, *à l'adjudant qui s'est approché.*

Oserai-je vous offrir, mon adjudant? Allons, gros père, décidons-nous.

L'ADJUDANT.

Trompette, huit heures, sonnez.

LE TROMPETTE, *vidant son verre.*

Ah! oui, la retraite, je l'avais oubliée.

L'ADJUDANT.

Dragons, à vos rangs; sonnez l'appel, petit homme.

LE TROMPETTE, *sonnant.*

Ta ra ta ta, ra ta ta. (*Agitation dans les rangs.*)

L'ADJUDANT.

Eh bien! eh bien! qu'arrive-t-il?

CORNE-DE-BOEUF, *à part.*

Je ne sais ce qui m'a passé dans le dos, un singulier frisson, tout de même.

COEUR-AU-VENTRE, *à part.*

Morbleu! j'ai par le corps un tas de choses qui me glissent...

VENTERBICH, *à part.*

Tarteifle! che afre enfie t'emprasser matame Biston... Ia, ia, che afre enfie.

L'ADJUDANT, *à part.*

Brrrou. Pas à mon aise du tout ; ne sais ce qui vient de me prendre. (*Il fait l'appel.*) En avant, marche !

LE TROMPETTE.

Ta ra ta ta, ra ta...

CŒUR-AU-VENTRE, *tressaillant.*

Morbleu ! encore !

LE TROMPETTE.

Ta, ta, ra...

VENTERBICH, *sortant des rangs.*

Tarteifle ! il vaut que ch'emprasse guelgue chosse.

L'ADJUDANT, *à part.*

Ça me reprend, ça me reprend. (*Les dragons vont dans la cour, de çà, de là, bondissant comme des ca-*

bris. Madame Piston prend la fuite.) — *(Haut.)* Dragons, aux rangs, sacrebleu! Dix-huit quarts d'heure d'arrêt au premier qui bouge. Trompette, ne sonnez plus.

LE TROMPETTE, *d'un petit air naïf.*

Voilà, mon adjudant. *(Il essuie son clairon.)* — *Le calme se rétablit. — Les dragons, deux par deux, montent en silence dans les chambrées.)*

CORNE-DE-BŒUF.

Je donnerais mes aiguillettes de cuivre pour savoir ce qu'on nous a mis ce soir dans la soupe. *(Ils sortent.)*

SCÈNE II

La chambre du major : grand lit au fond; panoplies, blagues, pipes turques.

LE MAJOR, *couché.*

Déjà midi! Comme cela passe vite, une nuit de quinze heures! C'est égal, je vais rester encore un moment au

lit, à savourer mon repos et mon chocolat. (*On frappe.*)
Qui va là ?

LE BOURGMESTRE, *du dehors.*

C'est moi, monsieur le major.

LE MAJOR.

Je ne suis pas visible, repassez.

LE BOURGMESTRE.

Major, major, il faut que je vous parle à tout prix.

LE MAJOR.

Je n'ai pas mes pantoufles hongroises pour aller vous ouvrir; parlez-moi du dehors.

LE BOURGMESTRE.

La ville est à feu et à sang, monsieur le major.

LE MAJOR, *sautant du lit et allant ouvrir.*

L'ennemi serait-il entré chez nous ?

LE BOURGMESTRE.

C'est bien des ennemis qu'il s'agit; je viens vous parler de vos soldats et vous en raconter de belles, allez !

LE MAJOR, *se couchant.*

Comment! de mes soldats?

LE BOURGMESTRE.

Figurez-vous que nous étions réunis hier au soir sur l'esplanade, à prendre le frais, avec nos femmes et nos filles, en écoutant la musique de la ville ; il y avait là l'inspecteur des douanes et sa cousine la chanoinesse, la veuve du chancelier, moi, ma famille, enfin toute l'élite de la bourgeoisie. Tout à coup, nous entendons le son d'une trompette, et nous voyons arriver, au pas de course, vos dragons bleus précédés d'un petit homme qui soufflait dans un clairon. Nous crûmes d'abord qu'il y avait le feu quelque part dans la ville basse ; mais voilà vos dragons qui se précipitent au milieu de nous, toujours en courant, bousculent d'un côté, bourrent de l'autre, renversent les chaises, embrassent nos dames, serrent de près nos demoiselles, prennent une taille d'ici, pincent un mollet de là, en dépit de nos cris et de nos efforts. C'était affreux! Au milieu de ce vacarme, on entendait toujours le maudit trompette. Ah ! trompette du diable ! toutes les fois que son clairon nous cornait

aux oreilles, les dragons redoublaient ; il y avait du sortilége là dedans. Le dirai-je ? A la dernière sonnerie,
ma femme s'est levée en criant : « Je n'y tiens plus ! »
et la voilà sautant au coup du plus grand de vos dragons. Je viens demander justice, monsieur le major.

LE MAJOR.

Monsieur le bourgmestre, le cas est très-grave ; —
veuillez me faire passer mon haut-de-chausses ; — très
grave, monsieur le bourgmestre ; — mes bottes, s'il
vous plaît ; — révolte de dragons bleus, hum ! hum !
c'est une affaire importante ; — donnez-moi maintenant
ma veste et mon gilet, et mon grand sabre, avec son
ceinturon, sans oublier ma sabredache ; — nous allons
de ce pas à la caserne, demander quelques explications
à ces braves gens.

LE BOURGMESTRE.

Croyez-vous ma présence nécessaire, cher major ?

LE MAJOR.

Nécessaire ? c'est indispensable qu'il faut dire ; —
vous, madame votre épouse, et tous ceux qui étaient
sur l'esplanade avec vous. — Tenez, bourgmestre,
prenez-moi cette hachette et ce yatagan, en cas d'in-
surrection.

LE BOURGMESTRE.

Mais c'est à la boucherie que vous me conduisez!

LE MAJOR.

Ceignez votre écharpe; elle pourra vous épargner quelques horions.

LE BOURGMESTRE.

Major, je suis père; j'ai de la famille, major.

LE MAJOR.

Demi-tour, et suivez-moi. (*Il l'entraîne.*)

SCÈNE III

La cour de la caserne. — Soldats rangés sur deux lignes. Bourgeois et bourgeoises dans le fond.

LE MAJOR.

L'adjudant, où est l'adjudant?

COEUR-AU-VENTRE.

L'adjudant n'est pas encore rentré, major.

LE MAJOR, *au bourgmestre.*

Il en était donc, lui aussi?

LE BOURGMESTRE.

S'il en était, je crois bien ; demandez plutôt à madame la bourgmestresse. (*La bourgmestresse se signe.*)

LE MAJOR.

Malepeste! ceci est plus sérieux que je ne pensais ; j'aurais besoin de réunir le conseil.

LE BOURGMESTRE, *à voix basse.*

Si vous en faisiez fusiller quelques-uns pour l'exemple.

LE MAJOR.

Patience! Je suis bon enfant, moi ; je vais d'abord les haranguer un tantinet.—Dragons bleus, j'apprends sur votre compte des choses désagréables, fort désagréables, vraiment. Monsieur le bourgmestre porte plainte contre vous et demande…

LE BOURGMESTRE.

Oh! major, pourquoi me mettre en avant?

LE MAJOR.

... Et demande justice de votre escapade de cette nuit; il paraît que vous avez chiffonné nombre de gorgerettes et fait beaucoup de scandale sur l'esplanade. Là n'est pas le mal, mes amis.

LE BOURGMESTRE.

Oh! major!

LE MAJOR.

C'est-à-dire... enfin... vous comprenez; je ne prétends pas que vous ayez eu complétement raison ; mais votre crime principal est d'avoir violé la discipline. Voyons, mes enfants, quel besoin aviez-vous de déserter la caserne à cette heure-là? N'avez-vous pas assez de loisirs amoureux, par le temps de paix où nous sommes? De huit heures du matin à huit heures de relevée, il y a plus de temps qu'il n'en faut pour les enfantillages.

LE BOURGMESTRE.

Pouah! C'est indécent.

LE MAJOR.

Donc, vous avez violé la discipline, sans compter le reste; et je devrais cruellement sévir contre vous. M. le bourgmestre, ici présent, me conseille de vous faire fusiller... N'est-ce pas, monsieur le bourgmestre? (*Grognement des soldats.*)

LE BOURGMESTRE.

Oh! major, vous dénaturez ma pensée. Messieurs, je vous prie de croire que le major dénature.

LE MAJOR.

Je n'irai pas si loin que cela; je suis bon enfant, moi. Nous allons nous contenter de tirer au sort vingt d'entre vous qui recevront quarante-huit coups de gaule sur la plante des pieds. — J'ai dit. Qu'on m'apporte un casque; brigadier, écrivez le nom de ces braves garçons.

CORNE-DE-BŒUF.

Le mien aussi, major?

LE MAJOR.

Le vôtre aussi, brigadier.

CORNE-DE-BOEUF.

Et celui de monsieur le bourgmestre aussi?

LE MAJOR.

Et celui...

LE BOURGMESTRE.

Oh! major! (*Entre l'adjudant, qui mène le trompette par les oreilles.*

L'ADJUDANT.

Le voilà! voilà le coupable, le seul coupable.

LE MAJOR.

Adjudant, votre épée!

L'ADJUDANT.

Ecoutez-moi, major: ce petit gredin est cause de tout. L'appel fait, les soldats couchés, je quittais ma casaque, quand j'entends près de moi: Ta ra ta ta. C'était le trompette. Je veux le faire taire; le trompette continue : Ta ra ta ta. Alors, malgré moi, j'enfile ma casaque, je passe mon ceinturon; les soldats s'éveillent, se lèvent comme des furieux, s'habillent et en un clin d'œil : Ta ra ta ta. Le trompette descend l'escalier, nous le suivons, sans pouvoir faire autrement : Ta ra ta ta. Il court dans la ville, ta ra! Nous courons dans la ville, ta ta. Nous rencontrons ces dames ; c'est plus fort que nous, nous les embrassons, et voilà comment la consigne fut violée.

LE MAJOR.

Qu'est-ce à dire, et quelle histoire me baillez-vous-là?

L'ADJUDANT.

La bonne, major; demandez plutôt.

LE MAJOR, *au trompette.*

Approche ici, toi! Que réponds-tu pour ta défense?

LE TROMPETTE.

Sur mon honneur, je ne sais ce que ces messieurs veulent dire.

LE MAJOR.

Pourquoi t'es-tu levé cette nuit? Pourquoi as-tu sonné?

LE TROMPETTE.

Je ne me souviens pas de m'être levé cette nuit,
major, ni d'avoir sonné; il faut croire que je suis
somnambule. Maman m'a souvent raconté que, tout
enfant, je m'en allais folâtrer sur les toits, nu comme
un petit saint Jean.

LE MAJOR.

Montre-nous ce clairon ensorcelé? Quel est le poin-
çon? quelle est la fabrique?

LE TROMPETTE.

Mais, major, c'est un clairon comme tous les autres;
fabrique allemande; il n'y a pas là dedans la moindre
sorcellerie. Oyez plutôt : Ta ra ta ta. (*Il joue.*)

LE MAJOR, *inquiet.*

Veux-tu bien te taire! (*Mouvement dans la foule.*)

LE TROMPETTE.

Vous voyez que c'est très-simple : Ta ra ta ta. (*Il
continue.*)

LE MAJOR, *hors de lui.*

Saperjeu ! (*Il se retourne et embrasse la bourgmes-tresse.*)

LE BOURGMESTRE.

Oh ! major ! major !

LE MAJOR, *revenant à lui.*

Qu'on le saisisse, qu'on le bâillonne, qu'on le gar-rotte et qu'on le conduise à la maison centrale. (*On s'empare du trompette.*)

LE TROMPETTE.

Je proteste contre cet acte de brutalité. (*On l'em-mène.*)

LE MAJOR, *aux dragons.*

Quant à vous, mes amis, je vous pardonne, attendu que vous n'êtes pour rien dans votre escapade.

CORNE-DE-BOEUF.

Alors, la bastonnade...

LE MAJOR.

Eh bien ! la bastonnade sera intégralement distri-
buée ; — je ne reprends jamais ma parole ; — je suis
un bon enfant, moi. — Venez-vous, monsieur le bourgmestre ? — A propos, bourgmestre, connaissez-vous
les deux nouvelles sauteuses du Grand-Théâtre ? J'ai
un furieux désir... (*Ils sortent en causant.*)

SCÈNE IV

Un horrible cachot. — Fenêtre grillée à droite, donnant
sur la rue, au ras du sol.

LE TROMPETTE.

On s'amuse fort peu ici dedans : quatre murs qui
pleurent, une fenêtre borgne ; tout cela manque essen-
tiellement de gaieté. Ma chère petite trompette ! ils ne
m'ont pas séparé de toi, heureusement ; je puis souffler dans ton ventre, à mon aise ; oui, souffler ; mais
pour qui ? Ce ne sont pas ces murailles, ni ces barreaux
de fer que j'enflammerai, ou que je forcerai à s'embrasser. — Si du moins la rue n'était pas déserte, je
pourrais... Chut ! quelqu'un passe sur le trottoir : toc !
toc ! c'est une bonne petite vieille qui trottine allègre-

ment, son cabas sous un bras, son carlin sous l'autre ; nous allons rire. (*Il joue de la trompette.*) Tiens ! elle n'est pas émue ! (*Il joue encore plus fort.*) Miséricorde ! la maudite vieille est sourde ; le chien seul est troublé. Je n'ai pas de bonheur ! Quel est ce bruit ? — Deux souris qui s'embrassent dans un coin de la prison et qui se caressent le museau avec leurs barbiches. Dieu ! que c'est amusant de pouvoir troubler la digestion de tous les gens, hommes et bêtes. — Aux jours anciens, j'avais mes flèches et mon carquois ; mais c'était rococo en diable ; puis on mettait des cuirasses, et je perdais mon temps. — J'aime mieux ma trompette ; il est vrai qu'il y a des sourds... C'est égal ! j'aime mieux ma trompette.

LA BOUQUETIÈRE, *en dehors.*

Pstt ! pstt ! Monsieur le prisonnier ?

LE TROMPETTE.

Qui m'appelle ?

LA BOUQUETIÈRE.

C'est moi, Réséda, la bouquetière.

LE TROMPETTE, *lorgnant à travers les barreaux.*

Joli museau, ma parole ! Que voulez-vous de moi, Réséda, ma chère Réséda ?

LA BOUQUETIÈRE.

Vous prier d'accepter ce bouquet. (*Elle lui jette un bouquet.*)

LE TROMPETTE.

Savez-vous que c'est charmant, ce que vous faites là, mon enfant. Hé ! hé ! dois-je prendre ceci comme une déclaration ?

LA BOUQUETIÈRE.

Ah ! fi ! fi donc, monsieur le trompette...

LE TROMPETTE.

Mais, alors, pourquoi ?

RÉSÉDA.

Tous les matins, en passant devant la maison centrale, je jette deux ou trois bouquets aux prisonniers qui s'y trouvent. (*Avec un soupir.*) On dit que cela porte bonheur.

LE TROMPETTE.

Vous n'êtes pas heureuse, mademoiselle Réséda?

RÉSÉDA.

Hélas ! tout le monde n'accepte pas mes fleurs d'aussi bon cœur que vous le faites.

LE TROMPETTE.

Comment ! quel est le drôle ?...

RÉSÉDA.

C'est le dragon Venterbich, monsieur, vous savez, celui qui a de si belles moustaches, et qui dit toujours « Tarteifle ! » Je l'aime de toute mon âme, mais lui n'a pas l'air de s'en apercevoir, et les fleurs que je lui envoie le matin, je suis sûre de les trouver chaque soir au corsage de la cantinière Piston.

LE TROMPETTE.

Venterbich est un idiot, et voilà ce qu'on gagne à aimer des êtres pareils. Là ! ne vous désolez pas de la sorte ; vous m'affligez, d'honneur ! et je veux faire quelque chose pour vous ! Voyons : défaites vos jarretières

7

mon enfant, oui, vos jarretières. Très-bien! Attachez-
les solidement et les faites glisser par mon soupirail.
Diable! c'est encore trop court! Je vais grimper sur
ma table, attendez! Allongez le bras; maintenant nous
y sommes. Savez-vous ce que je suspends à vos jarretières? Eh bien! c'est ma fameuse trompette, celle qui
a tant fait de bruit sur l'esplanade. Quand vous voudrez que Venterbich vous saute au cou, vous n'aurez
qu'à souffler un brin dedans, et vous m'en donnerez
des nouvelles...

RÉSÉDA.

Oh! monsieur, je n'oserai jamais.

LE TROMPETTE.

Prenez toujours, et maintenant allez-vous-en au plus
vite; j'entends du bruit dans le corridor.

SCÈNE V

Un champ de bataille. — A gauche, un moulin sur la hau-
teur, occupé par l'ennemi. — Au fond, mêlée furieuse à
travers les blés. — Un petit bois sur la droite. — Les
dragons bleus sortent du bois, en rampant, un mous-
queton à la main.

LE MAJOR.

Halte! à plat ventre, dragons.

CORNE-DE-BOEUF.

Voilà une position qui doit joliment fatiguer le major.

COEUR-AU-VENTRE.

Je trouve qu'il fait chaud ici.

CORNE-DE-BOEUF.

Défais un bouton, parbleu !

L'ADJUDANT.

Silence, dragons.

L'AIDE DE CAMP, *arrivant du fond.*

Le major, vite, le major !

LE MAJOR, *cherchant à se relever.*

Voilà ! Avancez à l'ordre.

L'AIDE DE CAMP, *le chapeau à la main.*

Vous avez devant vous le quartier général de l'ennemi, monsieur ; le jeune prince, la femme du maré-
chal, la cassette royale, tout est là. Il faut qu'en six

minutes le moulin soit pris. Adieu, monsieur. (*Une balle le frappe.*) Vive le roi ! (*Il meurt.*)

LE MAJOR.

Adjudant, mon bon ami, faites sonner la charge.

L'ADJUDANT.

Pas de trompette; trompette en prison, major.

LE MAJOR.

Nous ne pouvons pas prendre cependant un quartier général sans trompette ; ce n'est point dans les règles. Ceci est grave, très-grave.

VENTERBICH.

Ah ! tarteifle !

CORNE-DE-BOEUF.

Major, Venterbich a une idée.

VENTERBICH.

Che afre un drombette. (*Il sort un clairon de son haut-de-chausses.*)

LE MAJOR.

Bravo ! En avant les dragons bleus! Venterbich, sonne la charge.

VENTERBICH.

Ah ! tarteifle !

LE MAJOR.

Quoi encore ?

VENTERBICH.

Che safre bas chouer.

LE MAJOR.

Pourquoi diable as-tu un clairon dans ta poche, alors? Morbleu ! la position n'est plus tenable ; l'ennemi nous envoie des prunes à pleins paniers.

CORNE-DE-BOEUF, *tournant sur lui-même.*

Ouf! (*Il meurt.*)

LE MAJOR.

Ventre-saint-gris ! Dragons, qui sait jouer du clairon

ici? Personne! Eh bien! c'est moi qui m'en charge;
suivez-moi. (*Il embouche l'instrument et joue de toutes
ses forces.*)

VOIX DANS LES RANGS.

Hein? — Sapristi! — Encore! (*Le major continue
à souffler.*)

· L'ADJUDANT, *hors de lui.*

Arrêtez, major, arrêtez!

*Le major continue, les dragons jettent leurs armes,—
on arrive près du moulin, — le feu de l'ennemi s'arrête, — les portes du moulin s'ouvrent ; sortent la
maréchale et les dames d'honneur en gambadant.—
On s'embrasse avec fureur. — Le major tombe es-
soufflé.*)

SCÈNE VI

Un conseil de guerre. — Le major et le bourgmestre au
tribunal. — Au banc des accusés : Réséda, Venterbich,
le trompette. — Bourgeois et bourgeoises dans le fond.—
L'adjudant sert de greffier.

LE BOURGMESTRE.

Accusée Réséda, levez-vous et nous dites comment
vous vous nommez.

LA BOUQUETIÈRE.

Vous le savez bien, monsieur le bourgmestre, puisque vous venez de m'appeler par mon nom.

LE BOURGMESTRE.

Dites toujours.

LA BOUQUETIÈRE.

Je m'appelle Réséda, bouquetière de père en fils, à
l'angle de la grand'place.

LE BOURGMESTRE.

Greffier, écrivez les aveux de l'accusée. Accusé Venterbich, avouez-vous reconnaître la susdite Réséda,
votre complice?

VENTERBICH.

Ia, che regonnais.

LE BOURGMESTRE, *se frottant les mains.*

Ecrivez qu'il reconnaît.

LE MAJOR, *bas au bourgmestre.*

Laissez-moi prendre la parole, cher ami; j'irai plus vite en besogne.

LE BOURGMESTRE.

Inutile, major; je m'en tirerai bien tout seul.

LE MAJOR.

Mon excellent ami, je vous prie de ne point m'échauffer les oreilles.

LE BOURGMESTRE, *à part.*

Brutal, va!

LE MAJOR.

Or çà, Venterbich, je suis bon enfant, moi, et si tu es franc avec nous, je te garantis que tu en seras quitte pour une excellente bastonnade. Attention! De qui tiens-tu le clairon que tu as dans la poche?

VENTERBICH.

De la betite bouguetière.

LE MAJOR.

Pourquoi t'a-t-elle fait ce cadeau? Ce n'est pas la mode, que je sache, de se donner de ces choses-là entre amoureux.

VENTERBICH.

Elle afre tit lui serfir à se faire aimer, en souvlant tetans.

RÉSÉDA, *pleurant.*

C'est la pure vérité, monsieur le major; j'ai donné l'instrument à Venterbich; je lui donne tout ce que j'ai.

LE MAJOR.

Et vous-même, mon enfant, de qui teniez-vous le clairon?

RÉSÉDA.

Du petit monsieur que voici.

LE MAJOR, *au trompette.*

Eh bien! qu'en dites-vous, jeune homme? Eh bien?

7.

LE BOURGMESTRE.

Il dort, le gredin! (*Rires dans la salle ; l'adjudant tire les oreilles au trompette.*)

LE TROMPETTE, *se réveillant.*

Messieurs et dames, comment avez-vous passé la nuit? bien, n'est-ce pas? et moi de même ; j'ai seulement quelques lourdeurs dans la tête...

L'ADJUDANT.

Silence !

LE TROMPETTE.

Ah ! pardon, j'oubliais.

LE MAJOR.

Accusé, levez-vous.

LE TROMPETTE, *se dressant sur ses ergots.*

Je suis levé, monsieur le major.

LE MAJOR.

On ne s'en douterait guère; montez sur le banc. —

Quel était votre dessein en donnant la trompette à cette jeune personne?

LE TROMPETTE.

Je voulais la remercier de sa grâce touchante et de ses fleurs; vous comprenez bien, mon cher major, que je ne me doutais pas qu'elle ferait passer mon clairon à Venterbich, que Venterbich vous le transmettrait, et que vous-même, vous...

LE MAJOR , *rougissant.*

Fort bien! fort bien! Ne subtilisons pas. — De qui teniez-vous cette trompette endiablée?

LE TROMPETTE.

A dire vrai, monsieur, je suis né comme cela, mon clairon sur le dos , en sautoir, attaché par un fil rose; je dois vous dire que nous habitions vis-à-vis d'une caserne. Maman aura eu sans doute un regard d'un de ces messieurs, comme on dit; à coup sûr, c'était d'un trompette.

LE BOURGMESTRE.

J'oserai faire remarquer à monsieur le major qu'il y

a du sortilége là-dedans, et que ceci relèverait peut-être d'un pouvoir ecclésiastique.

VOIX DANS LA FOULE.

Oui, oui, c'est un sorcier; il faut le brûler! qu'on le brûle! qu'on le brûle!

LE TROMPETTE, *indigné.*

Ah! par exemple! Quels sauvages!

LE MAJOR.

Je vais trancher le nez et les oreilles au premier cro-quant qui lève la langue. L'accusé fait partie de mon escadron, il ne relève que de nous. Accusé, avant que les délibérations commencent, cinq minutes vous sont octroyées par le tribunal pour vous défendre s'il y a lieu.

LE TROMPETTE.

Sur mon honneur et ma conscience, monsieur le tri-bunal, je déclare ne rien avoir à me reprocher, et je vous jure que si mon clairon vous porte aux nerfs, ce n'est pas de ma faute. Je suis innocent et bénin comme un enfant d'un jour. — Ceci posé, j'ai recours à la clé-

mence de mes juges, et je leur ferai remarquer que je
n'ai point causé de si grands malheurs, et que si ma
trompette est ensorcelée, c'est un sortilége bien inof-
fensif. J'ai fait un peu de tapage dans la ville, qui en
avait grand besoin; j'ai valu quelques caresses aux
dames, qui n'en sont pas fàchées; une bonne bastonnade aux dragons bleus et cinq jours de cachot à votre
serviteur. Quant au malheureux accident de la bataille,
je n'y suis pour rien, et si la paix s'est faite sans le secours des congrès et des diplomates, la faute en est à
mon clairon, — que je livre à votre colère. J'ai dit. (*Il
salue galamment l'assemblée.*)

LE MAJOR.

Le tribunal va délibérer. (*Après cinq heures de déli-
bération le major reprend :*) Attendu que , etc., attendu que , etc., la bouquetière Réséda est acquittée,
le dragon Venterbich condamné à l'épouser, et le trompette condamné à être fusillé sous vingt-quatre heures.
— La trompette dudit trompette sera mise sous une
cloche en verre, et exposée dans le musée de la ville,
— en lieu sûr. (*Applaudissements frénétiques.*)

VENTERBICH.

Tarteifle ! (*Réséda lui saute au cou.*)

LE TROMPETTE, *la regardant tristement.*

Comme le bonheur nous rend méchants. Réséda est heureuse, les prisonniers de la maison centrale n'auront plus de ses fleurs.

SCÈNE VII

La place d'armes à six heures du matin. — Quelques bourgeois et bourgeoises attendent l'arrivée du condamné.

UN BOURGEOIS.

Quelle heure est-il, dame Gertrude?

UNE BOURGEOISE.

Six moins le quart, mon voisin.

LE BOURGEOIS.

C'est une indignité de fusiller les gens si matin que cela; je vous demande un peu pourquoi? Bah! un parti pris de contrarier les plaisirs du peuple.

LA BOURGEOISE.

C'est une grande vérité que vous dites là, mon voisin ; deux heures plus tard, j'aurais pu conduire ici mes enfants ; ils n'ont pas déjà tant de jouissances, les pauvres chéris ; il m'a fallu les priver encore de celle-là.

LE BOURGEOIS.

L'exécution est pour six heures précises, que je crois.

LA BOURGEOISE.

Ma foi, oui ! — J'entends déjà les tambours. — Les voilà ! les voilà ! Il y a l'adjudant et dix dragons ; un bien bel homme que cet adjudant. — Je ne vois pas de prêtres.

LE BOURGEOIS.

Jusqu'au dernier moment, le petit brigand a refusé d'en recevoir.

LA BOURGEOISE.

Jésus ! Maria ! c'est donc un voltairien ?

LE BOURGEOIS.

Un pur sang, ma voisine ; ça ne connaît ni Dieu ni diable.

LA BOURGEOISE.

C'est peut-être l'antechrist.

LE BOURGEOIS.

Oh! que nenni! il ne serait pas si petit que ça.

L'ADJUDANT.

Reposez vòss... armes.

LE TROMPETTE.

Ai-je encore quelques minutes, mon adjudant?

L'ADJUDANT.

Encore quatre-vingt-une secondes.

LE TROMPETTE.

Me sera-t-il permis d'adresser quelques paroles à tous ces butors?

L'ADJUDANT.

Non !

LE TROMPETTE.

Tant pis ! — C'est égal, — il est bien dur de mourir si jeune, sans le petit discours de la fin. (*On lui met un bandeau.*) Un bandeau ! je connais ça ; seulement, je ne le mets que sur un œil ; il faut vous dire que j'ai été borgne dans le temps.

L'ADJUDANT.

Huit secondes.

LE TROMPETTE.

Ah ! mon Dieu ! moi qui avais tant de choses à vous dire encore. Dragons bleus, je vous lègue ma bénédiction. (*Il quitte sa veste et retrousse ses manches.*)

LA BOURGEOISE.

Bonté divine ! comme il a la peau blanche !

L'ADJUDANT.

En joue... feu ! (*Cris dans la foule ; — détonation ; — fumée.*)

LE TROMPETTE, *toujours debout.*

Messieurs les dragons, je vous souhaite bien du plaisir ; on ne me tue pas aussi facilement que cela. — Je
suis... l'Amour. (***Il s'éloigne en faisant la roue.***)

FIN

LES HUIT PENDUES

DE

BARBE-BLEUE

PERSONNAGES :

LE COMTE BARBE-BLEUE, 70 ans.
EVELINE BARBE-BLEUE, sa femme, 15 ans.
LA SŒUR ANNE.
LES SEPT PENDUES.
UN PAGE.

LES HUIT PENDUES

DE

BARBE-BLEUE

MORALITÉ

Le château de Barbe-Bleue. — Salle très-haute et très-noire. — Au-dessus de la cheminée, un énorme crucifix en cuivre. — Tentures sombres. — Trophées suspendus aux murailles. — Neuf heures du soir.

SCÈNE PREMIÈRE

BARBE-BLEUE.

(Il marche de long en large d'un air préoccupé, puis s'arrête tout à coup devant le Christ et se découvre.)

Mon Dieu, je vous remercie de la joie que vous faites à mes vieilles années, en mettant près de moi cette gracieuse et douce compagnie; la présence de ma

nouvelle épouse égayera mon foyer et va suffire, —
toute mignonne qu'est mon Éveline,— à remplir de liesse
et d'amour cette maison sombre et dévastée comme
une ruine, ce cœur plus sombre encore et plus dévasté. Mon Dieu, vous savez quel excellent mari je puis
faire et les trésors d'affection que je tiens enfouis là
dedans ; — vous savez que j'ai lutté de toutes mes forces avant de céder aux dures lois de ma destinée. Sept
fois vous avez vu la sueur de sang qui couvrait mon visage ; — sept fois vous avez vu mes larmes couler et
mes pauvres mains trembler, en étranglant toutes ces
belles créatures. Seigneur, Seigneur, m'avez-vous par-
donné et dois-je considérer comme un gage de miséricorde l'union que je contracte aujourd'hui avec mon
cher petit Évelinon ? — S'il en est ainsi, mon Dieu, —
je jure par les pieds divins du grand crucifié que mes
lèvres ne frôleront pas les cheveux de ma femme avant
mon retour de la ville sainte, où je vais me purifier de
mes crimes entre les mains de votre vicaire bien-aimé.
—J'ai dit. (*Il se couvre et frappe sur un timbre.*) Holà,
sœur Anne ! (*Entre sœur Anne.*)

SOEUR ANNE.

Me voici, mon frère.

BARBE-BLEUE.

Fourbissez ma cuirasse sur l'heure, et visitez les

courroies de mon armure ; je vais partir à l'instant même.

SŒUR ANNE.

Oui, mon frère.

BARBE—BLEUE.

Vous voilà froide et tranquille comme l'eau qui dort dans nos viviers. Ce départ subit n'a donc rien qui vous étonne ?

SŒUR ANNE.

Non, mon frère.

BARBE—BLEUE.

Vous trouvez naturel qu'un mari s'en aille comme cela, la nuit même de son mariage ?

SŒUR ANNE.

Vous êtes le maître, mon frère, et ce n'est pas moi qui me gratterai jamais où cela ne me démange point.

BARBE—BLEUE.

Bien parlé, sœur Anne. Venez çà, maintenant, que je vous ouvre mon cœur ; vous êtes entrée depuis ce ma-

tin dans la maison avec votre sœur Éveline, et déjà vous
m'avez su plaire par vos vices comme par vos vertus.
Vous êtes grande, maigre, osseuse, très-laide au sur-
plus, toutes les qualités d'une intendante et d'une sœur
aînée ; vous ressemblez énormément, en fin de compte,
à cette *Cousine Bette*, dont il est parlé dans les *Parents
pauvres* de monsieur de Balzac.

SŒUR ANNE.

Vous me flattez, mon frère.

BARBE-BLEUE.

Sur l'honneur, vous m'allez comme un casque, et je
m'en vais vous donner une preuve de mon affection
en vous laissant la direction du château pendant mon
absence ; vous aurez l'œil aux pots de groseille de notre
office et vous épierez les actions de ma femme : du
tout vous tiendrez un compte exact, que vous me
présenterez au retour. Sur quôi, approchez et nous bai-
sez la main. Adieu, sœur Anne.

SŒUR ANNE.

Adieu, mon frère. (*Sœur Anne sort par la gauche,
Barbe-Bleue allume un candélabre et sort par la
droite.*)

SCÈNE II

La chambre d'Éveline. — Un petit lit à rideaux blancs. —
Un prie-Dieu.

ÉVELINE, *mi-vêtue; elle fait ses nattes devant une glace.*

Dire pourtant que je suis une dame, une très-grande dame, et qu'il a fallu si peu de choses pour cela! Monsieur l'abbé nous a donné des bénédictions, monsieur le comte un baiser et une bague, monsieur le chef un bon dîner, et voilà! Je me marierais volontiers tous les jours si l'on voulait. Ce pauvre Barbe-Bleue! Il est bien vieux et bien laid! mais il parle si bien, il a une voix si douce, il me regarde si benoîtement, que je me sens prête à l'aimer de toute mon âme. Ces diables de cheveux qui ne veulent pas tenir! Allons donc! En vérité, je suis très-gentille, ce soir. (*On frappe.*) Ah! mon Dieu!

BARBE-BLEUE, *du dehors.*

Éveline, chère Éveline, ouvrez-moi.

ÉVELINE, *ouvrant*.

Entrez, monseigneur.

BARBE-BLEUE.

Vous faisiez sans doute vos prières, ma mie : pardonnez-moi de troubler ainsi vos saintes méditations. Vous plairait-il de prier ensemble?

ÉVELINE.

De grand cœur, monseigneur.

BARBE-BLEUE.

Où en étiez-vous ?

ÉVELINE.

J'allais commencer mon *Pater* quand vous êtes entré.

BARBE-BLEUE.

Commencez-le donc et que le ciel vous écoute. (*Ils se mettent à genoux.*)

ÉVELINE.

Pater noster qui es in cœlis...

BARBE-BLEUE.

Sanctificetur nomen tuum...

ÉVELINE, *s'interrompant.*

A propos, monseigneur, pourquoi vous appelle-t-on Barbe-Bleue ? Vous n'avez pas un seul poil de la barbe qui ne soit blanc comme neige.

BARBE-BLEUE, *indigné.*

Adveniat regnum tuum, fiat volontas tua.

ÉVELINE, *achevant le* Pater.

Libera nos à malo. Amen.

BARBE-BLEUE.

Sachez, mon enfant, que si ma barbe est blanche, ce sont les chagrins qui l'ont blanchie.

ÉVELINE, *toujours à genoux, se rapproche de lui.*

Dites-moi vos chagrins, monseigneur, pour que je m'essaye à vous consoler.

BARBE-BBEUE.

Plus tard, plus tard.

ÉVELINE.

Et dites-moi, monseigneur, quelle est cette grande tourelle inhabitée qu'on voit confusément à l'extrémité de la cour?

BARBE-BLEUE, *se troublant.*

Passons à l'*Ave Maria.*

ÉVELINE.

Ave Maria, gratia... Mais vous me direz après....?

BARBE-BLEUE.

Dominus tecum... (*On entend, à sept reprises, sept grands cris lugubres qui viennent du fond de la cour.*)

ÉVELINE, *se levant épouvantée.*

Doux Jésus! qu'est-ce que cela?

BARBE-BLEUE, *très-pâle.*

Rien, mon enfant, rien. L'esprit du mal habite cette aile du château et s'y promène, en hurlant, toutes les nuits, voilà tout.

ÉVELINE.

Oh! j'ai peur!

BARBE-BLEUE.

Rassurez-vous ; je pars cette nuit même pour Rome; je vais prier notre saint-père le pape de conjurer ce cruel maléfice et de nous débarrasser de ce turbulent visiteur.

ÉVELINE.

Vous me laissez seule?

BARBE-BLEUE.

Vous garderez près de vous sœur Anne et mon petit page.

ÉVELINE.

Embrassez-moi donc et que la bonne Vierge vous protége.

BARBE-BLEUE.

Je ne puis pas vous embrasser.

ÉVELINE.

Tiens ! et pourquoi donc?

BARBE-BLEUE, *lui prenant les mains.*

Je vous ferai remarquer, mon Éveline, que vous en êtes à m'adresser votre dixième question depuis cinq minutes. Prenez garde d'être curieuse ! c'est un défaut qui mène loin. Adieu, ma femme, et soyez sage jusqu'à mon retour. (*Il sort.*)

SCÈNE III

La tourelle. — Un salon tendu de bleu. — Le vent s'engouffre par les croisées, brisées pour la plupart. — Tout autour de la salle, sept femmes sont pendues à de longs clous.

PREMIÈRE PENDUE.

Savez-vous la grande nouvelle, mesdames? Barbe-Bleue s'est remarié.

CHŒUR DE PENDUES.

De qui tenez-vous cela, grand Dieu?

PREMIÈRE PENDUE.

Les cloches de la chapelle me l'ont appris ce matin.

DEUXIÈME PENDUE.

Allons, tant mieux! une de plus!

PREMIÈRE PENDUE.

Bah! pourquoi voulez-vous qu'elle ait le même sort que nous toutes? D'ailleurs, sous quel prétexte le farouche Barbe-Bleue s'en débarasserait-il ? Nous autres, cela se concevait ; mais cette enfant...

DEUXIÈME PENDUE.

Vous savez que c'est une enfant ?

PREMIÈRE PENDUE.

De mon clou, je la voyais tantôt se dévêtir dans sa chambre... Cela vous a quinze ans, des cheveux longs comme une chappe, et de l'innocence !...

DEUXIÈME PENDUE.

Ta ! ta ! ta ! Vous voulez rire avec votre innocence ; comme s'il n'y avait pas au monde d'autres péchés que les sept péchés capitaux, et d'autres gueuses que nous sept.

SEPTIÈME PENDUE.

Après tout, il est si facile de déplaire à ce Barbe-Bleue. Pour ma part, le vieux monstre m'a pendue parce que j'aimais trop à dormir. Il me dit, un matin : « Tu es une paresseuse ! » et il m'étouffa.

PREMIÈRE PENDUE.

Moi, j'avais le malheur de faire adresser mes lettres à madame de Barbe-Bleue, au lieu de Barbe-Bleue tout court ; l'horrible homme me passa le cordon autour du cou, en me criant : « Tu es une orgueilleuse, sors d'ici ! »

SIXIÈME PENDUE.

Moi, j'aimais un peu trop les petits écus ; monseigneur me fit venir un jour dans son cabinet : « Je te connais, dit-il, tu t'appelles l'Avarice ! » Et crac !...

CINQUIÈME PENDUE.

Même accident m'arriva pour quelques malheureuses compotes dérobées à l'office.

QUATRIÈME PENDUE.

J'en ai eu autant pour avoir permis à un lansquenet de me rattacher ma jarretière.

TROISIÈME PENDUE.

Moi, pour une gifle que j'allongeai, dans un moment de vivacité, à ma sœur Anne.

PREMIÈRE PENDUE.

Tiens ! vous aviez donc une sœur Anne, vous aussi ? C'est comme moi.

CHŒUR DE PENDUES.

Et comme moi !

PREMIÈRE PENDUE.

Hélas ! toutes les jolies femmes ont près d'elles une sœur Anne, pour leur servir de chaperon ; et c'est la sœur Anne qui les perd toujours.

DEUXIÈME PENDUE.

Enfin, mes chères dames, j'en reviens à mon idée, et vous parie mon clou contre les vôtres, qu'avant qu'il soit deux jours la nouvelle mariée sera venue nous rejoindre. A nous sept, nous formons un assez joli assortiment de vices, mais l'assortiment n'est pas complet, il manque une perle à l'écrin...

CHŒUR DE PENDUES.

Laquelle ? laquelle ?

DEUXIÈME PENDUE.

A notre collection manque le roi des vices féminins, un vice qui a perdu, perd et perdra tant de créatures ; un vice qui résume et contient tous les autres...

CHOEUR DE PENDUES.

Quoi donc? quoi donc?

DEUXIÈME PENDUE.

Chut! quelqu'un a marché dans le corridor.

CHOEUR DE PENDUES.

Non! c'est le vent!... Non! une chauve-souris!

DEUXIÈME PENDUE.

Eh bien! ce vice terrible... c'est... la *curiosité*... et le voici! (*La clef tourne dans la serrure. — La porte s'entr'ouvre. — Éveline se penche et jette un regard fugitif dans la salle. — Elle tient à la main une petite lampe.*)

SCÈNE IV

La chambre d'Éveline.

ÉVELINE, *couchée.*

L'affreuse nuit que j'ai passée, mon Dieu! l'affreuse nuit! Cette course à tâtons dans des couloirs obscurs, humides; ces affreuses bêtes de nuit dont les ailes me léchaient la figure; cette maudite lampe qui s'éteignait à chaque instant. Cette grande porte sculptée, et puis la salle noire, immense, et les sept clous!... Brrr! j'en suis encore frissonnante. Quel méchant homme que ce seigneur Barbe-Bleue! Sept femmes à lui tout seul, c'est effrayant... Je sais bien que ces dames de là-haut ne valaient pas grand'chose, et que moi, je n'ai rien à craindre de semblable, puisque je n'ai aucun de leurs vices monstrueux... (*On frappe.*) Qui va là?

SOEUR ANNE.

C'est moi, ma sœur... (*Elle entre.*) Miséricorde! encore au lit, à midi passé! Mais c'est épouvantable! Vous qui étiez toujours sur pieds avec l'aube.

ÉVELINE, *regardant l'horloge.*

Tiens! il faut croire que j'avais grand besoin de dormir.

SOEUR ANNE.

Voici votre café au lait, ma sœur.

ÉVELINE.

Fort bien!... Pouah! quelle chicorée! Holà! hé, sœur Anne! holà!

SOEUR ANNE, *accourant.*

Ma sœur! eh bien, ma sœur?

ÉVELINE.

Qui m'a préparé cette horrible tisane? Il est détestable votre café au lait et vous pouvez bien l'aller porter à vos lapins, s'il vous plaît ainsi.

SOEUR ANNE.

J'y ai pourtant mis ce que j'y mets d'habitude : du café, du sucre et le reste.

ÉVELINE.

Mettez-m'y trois morceaux de sucre de plus.

SOEUR ANNE.

Plaît-il ?... trois morceaux de sucre de plus !...

ÉVELINE.

Eh bien ! oui. M'entendez-vous, grande perche ?

SOEUR ANNE.

Grande perche, moi !

ÉVELINE.

Oui, vous ! Donnez-moi ce sucrier. (*Elle renverse le sucrier et le casse.*)

SOEUR ANNE, *bas, ramassant les morceaux.*

M'est avis qu'il y a du nouveau à la maison.

ÉVELINE.

Dites donc, sœur Anne, d'où tirez-vous cette jolie robe ?

SOEUR ANNE.

Mais, ma sœur, c'est celle que vous avez portée si longtemps et dont vous n'avez plus voulu.

ÉVELINE.

Je n'en voulais plus hier, elle me plaît aujourd'hui; faites-moi le plaisir de quitter cette robe et de me la rendre.

SOEUR ANNE, *avant de sortir*.

Ma sœur, le vieux Clopinet est là dans l'antichambre et réclame son denier de toutes les semaines.

ÉVELINE.

Allez au diable, vous et Clopinet! Je n'ai pas trop de mes deniers pour les partager avec tous les pouilleux des environs. A propos, sœur Anne, quel est ce petit blondin qui jouait aux osselets tàntôt sous ma fenêtre?

SOEUR ANNE.

C'est le page de monseigneur.

ÉVELINE.

Dites-lui de monter ; il est gentil. (*Sur un signe de sœur Anne, entre le page.*) Approche-toi du lit, mon mignot. Quel âge as-tu ?

LE PAGE.

Quinze ans deux mois, madame.

ÉVELINE.

Mais rapproche-toi donc, qu'on te regarde ! plus près, plus près ! — Il a les yeux d'un bleu ! — Pourquoi es-tu si rouge que cela ? — Il a la peau presque aussi fine que la mienne. — Sœur Anne, allez donc voir ce que devient la poule blanche. (*Sort sœur Anne.*) Hé ! hé ! le petit page !

LE PAGE, *reculant.*

Oh ! madame !...

SCÈNE V

Même appartement qu'au premier tableau. — Barbe-Bleue
dans un grand fauteuil, sœur Anne debout derrière lui,
Éveline à genoux à ses pieds.

BARBE-BLEUE.

Suis-je assez malheureux !

ÉVELINE, *sanglotant.*

Hélas !

BARBE-BLEUE.

La dernière devait être la plus coupable.

ÉVELINE.

Hélas !

BARBE-BLEUE.

Les autres du moins n'avaient qu'un vice à la fois,
celle-ci les a tous ensemble. — Mais défends-toi, dé-

fends-toi donc, malheureuse. — Dis-moi donc que sœur
Anne a menti. — Que j'arrache la gorge à cette mégère!

ÉVELINE.

Hélas!

BARBE-BLEUE, *lisant le rapport de sœur Anne.*

« Restée au lit jusqu'à midi : Paresse!
« Trois morceaux de sucre dans son café : Gour-
mandise!
« Refus du denier au père Clopinet : Avarice!
« Entretien particulier avec mon page : Luxure! »
Et l'orgueil et l'envie, et la colère; tout y est! Com-
ment cela s'est-il donc fait? toi si pieuse, toi si ver-
tueuse!

ÉVELINE.

Hélas! mon doux seigneur, vous m'aviez bien aver-
tie. La curiosité mène loin; moi, elle m'a conduite jusqu'au salon bleu, et dès que ma clef a eu fait deux
tours dans la serrure, je me suis sentie corrompue
comme une compagnie d'arquebusiers.

BARBE-BLEUE.

Oui, les plus vertueuses se perdent de la sorte. Un
tour de clef suffit... Mais enfin, mon enfant, à quoi dois-
je me résoudre?

ÉVELINE.

Tuez-moi, monseigneur ; car, je vous l'ai dit, je suis terriblement dépravée.

BARBE-BLEUE, *sanglotant.*

Prépare-toi donc, mon pauvre Évelin ! Sœur Anne, allez chercher un clou, un marteau et une corde.

SŒUR ANNE, *tirant le tout de sa poche.*

Voici, mon frère.

BARBE-BLEUE *passe la corde autour du cou de sa femme.*

Holà ! mon Dieu ! que je suis donc à plaindre !

ÉVELINE.

Hi! (*Elle meurt.*)

BARBE-BLEUE, *entraînant le cadavre.*

Sœur Anne, ne montez pas sur la tourelle ; c'est entièrement inutile, vous ne verriez rien venir. Nous jouons ici un drame sérieux, et nous n'avons que faire de la tradition. — Et de huit ! (*Se tournant vers mes lectrices.*) Avis aux dames.

FIN

UN CONCOURS

POUR

CHARENTON

UN CONCOURS

POUR

CHARENTON

La grande cour de l'hospice. — Au fond, un banc de pierre. — Les fous vont devisant sous les marronniers. — Deux heures sonnent à l'horloge du directeur.

SCÈNE PREMIÈRE

UN FOU, *venant par le fond.*

Mes amis, mes chers amis, je vous apporte une fâcheuse nouvelle : notre pauvre Ladislas est guéri et quitte l'établissement.

LES FOUS, *accourant.*

Ladislas guéri ! Est-il possible ?

LE FOU.

Oui, messieurs, Ladislas guéri de la façon la plus complète, guéri sans rémission, guéri sans espoir de rechute ; vous m'en voyez aux larmes ! C'était un si beau toqué ! Hier encore ; il était là dans cette cour, — extravaguant comme pas un, — divaguant comme vous tous ensemble, — tirant la langue aux gardiens, — tantôt à quatre pattes, tantôt les jambes en l'air, — aujourd'hui gai comme une noce, demain plus triste qu'un enterrement. Oh ! les affreux tordions ! Oh ! les joyeuses grimaces, et quel drôle de pistolet cela faisait ! Vous souvient-il de la nuit où on alla le dénicher à la plus haute cime de ces arbres, — alors qu'il voulait décrocher la grande ourse pour en faire une résille à ses affreux cheveux rouges ? et cette fameuse semaine où, pendant quatre jours et très-sérieusement, il se crut une des nièces du cardinal Mazarin ! Avec quelle bonhomie il nous priait, en rougissant, de ne pas regarder quand il quittait ses chausses ; et quelle noble giffle il allongea à ce gardien mal appris, assez indiscret pour jeter un regard sur la correspondance amoureuse qu'il avait avec Louis XIV ! (*Rires dans la foule.*) Dire que nous le perdons aujourd'hui et pour toujours ! Pauvre ami ! pauvre Ladislas !

LES FOUS, *d'un ton lugubre.*

Pauvre Ladislas !

LE FOU.

A cette heure, il n'est déjà plus des nôtres ; les médecins ont signé son laissez-passer, et M. le directeur vient de le recommander au conducteur chargé de le ramener dans sa famille. Il va rentrer dans la vie raisonnable et sérieuse. Adieu cette douce oisiveté qu'il avait au milieu de nous ! Adieu le pain frais et la couchette en fer ! Adieu ce cher cabanon aux murs blancs, où l'on rêve en liberté, le nez au ciel, les mains aux poches ! Adieu ces beaux jardins de la fantaisie, où l'on s'égare à travers les plates-bandes et les roses mousseuses ! Adieu les gambades, la vie de joyeuse paresse, les francs rires et les bonnes tristesses ! On a coupé les ailes à cet ange, et pouf ! le voilà retombé dans le monde réel des pieds-bots et des culs-de-jatte. Ladislas est mort ! Ladislas est mort ! (*Chanté.*) Nous n'irons plus au bois ; les lauriers sont coupés. — Adieu, pauvre Ladislas !

LES FOUS, *sanglotant.*

Ladislas est mort ! Adieu, Ladislas !

(*Passe Ladislas dans le fond, — confus et la tête basse. Il marche entre deux gardiens qui le reconduisent poliment jusqu'aux portes de l'hospice.*)

SCÈNE II

LE FOU, *d'un air fort gai.*

Or çà, messieurs, ne croyez pas que tout s'arrête ici, et que je vous laisse à cette heure vous occuper de vos plaisirs et vaquer à vos distractions. Nenni ! nenni ! nous avons d'autres hannetons à fouetter pour l'instant. Ouvrez l'oreille, je vous prie, et fermez la bouche, je vais parler. (*A un fou qui le mord jusqu'au sang :*) Mon cher Toby, abstenez-vous d'enfoncer vos crocs dans mon épiderme ; c'est une charmante fantaisie, et je la conçois, mais c'est gênant pour l'orateur. Donc, seigneurs de Charenton, il s'agit de savoir quel sera le nouvel hôte du cabanon Ladislas.

LES FOUS.

Tiens ! au fait, le cabanon Ladislas ?

LE FOU.

M. le directeur a reçu du dehors plusieurs demandes à ce sujet ; mais comme il n'y a qu'une place pour tous ces pétitionnaires, il nous laisse le soin de juger qui sera le plus digne de l'occuper. Remarquez, je vous prie, que votre état est le plus doux du monde, comme il est dit chez le docteur Erasme, et qu'un cabanon est la plus jolie retraite pour un homme d'esprit; à preuve il signor Torquato Tasso qui voulut y finir ses jours. Ici l'on vit isolé du monde, de ses embûches, de ses tentations : pas de femmes! point de journaux! point de politique! pas d'abus! Sans travail et sans fatigue, on est toujours assuré du pain et du beurre quotidiens; on ne tient nul compte du *qu'en pensera-t-on* et des absurdes convenances de la vie. Si nous rions des lubies de nos voisins, c'est toujours en cachette, et nous nous prêtons à leurs jeux très-sérieusement et de bon cœur. Chez nous, toutes les fantaisies ont droit d'asile et de respect; faire à sa guise, voilà la loi de notre maison. Des hommes éclairés vous entourent et sont là pour empêcher tout accident dans l'accomplissement de vos fantaisies : jetez-vous par les croisées, vous tombez dans les bras moelleux d'un gardien; plongez dans le grand bassin, on vous repêche sur le coup; si le désir vous vient de vous pendre un peu, quelqu'un est toujours là pour délier la corde; toutes choses qu'on ne fait pas dans l'autre monde. Pour finir, nous sommes très-heureux.

VOIX ET TRÉPIGNEMENTS DANS LA FOULE.

Très-heureux, très-heureux! — Bravo l'orateur! —

Vive Charenton! — Restez donc tranquille, mon pauvre
Toby, vous me faites mal!

LE FOU.

Donc, messieurs, nous allons nous ériger en tribunal
et trier, comme en Sorbonne, les candidats dignes de
figurer au milieu de nous et de participer à notre bonheur. Je choisis, pour former le tribunal à cette ses-
sion, les quatre plus beaux toqués de la maison : le
Coucou, l'ante christ, le duc de Guise et le Fleuve des
Amazones. Je suis fier d'avouer, amis, que le choix était
difficile dans ce bouquet de têtes extravagantes. (*Sa-
tisfaction générale.*) Les autres pensionnaires assis-
teront à l'examen, dont je m'institue président. Le vice-
roi des Indes sera notre huissier, et ce banc notre
tribunal. — MM. les examinateurs s'allongeront à mes
pieds dans une pose servile, et n'ouvriront jamais la
bouche. Hip! hip! hurrah! frappez les trois coups :
vice-roi des Indes, introduisez les candidats.

SCÈNE III

Entrent un amoureux, un musicien, un poëte, un boursier, un savant, un *homme arrivé*. — Un petit rentier vient ensuite, se débattant entre deux fous.

LE PRÉSIDENT, *au rentier qui veut parler.*

Patience mon ami, votre tour viendra. — En commençant, je ne saurais recommander à messieurs du tribunal assez de discernement et de sévérité ; quant à vous, candidats, soyez clairs et brefs ; ne bégayez pas en parlant et tâchez de ne pas vous fourrer les doigts dans le nez, comme il se pratique dans tous les examens. — Approchez, jeune homme, et dites-nous vos titres d'admission.

L'AMOUREUX, *s'avançant.*

Je suis amoureux, monsieur. (*Hilarité générale.*)

LE PRÉSIDENT, *avec un sourire.*

Donnez quelques détails au tribunal.

L'AMOUREUX.

Je suis amoureux, messieurs, d'une femme à qui je n'ai parlé et ne parlerai sans doute de ma vie. Je ne l'ai vue qu'une fois, à la fenêtre d'un wagon, dans un train express qui croisait le train où je me trouvais, et depuis... j'en suis fou. (*Signe de sympathie dans le public.*) Je passe mes jours à songer à elle et mes nuits à en rêver ; je ne sais plus travailler et suis tombé dans une affreuse misère. J'ai l'habitude de pleurer sans cesse, mais cette dernière consolation m'est refusée : les voisins d'à côté, des curieux ou des bonnes gens, sont toujours à cogner à ma porte pour connaître mon mal ou le calmer. J'ouvre parfois ma fenêtre pour éteindre à la brise nocturne les ardeurs de mon sang ; les voisines d'en face, dont la pudeur a des yeux de lynx, m'ont fait signifier l'ordre de tenir ma croisée fermée. Quand je vais par les rues, pâle et désespéré, les sergents de ville me suivent dans la crainte d'un mauvais coup. J'ai des élans de joie ou de douleur qui troublent la solennité ou la tranquillité des lieux où je me trouve ; bref, le monde me gêne et je le gêne. Ici, du moins, j'aurai le pain et le lit assurés. Je pourrai crier, appeler, hurler, déchirer ma poitrine, arracher mes cheveux, me rouler sur le sol, sans que personne m'arrête, rêver sans que personne me trouble, pleurer sans que personne me console ! (*Il pleure, tout le monde pleure.*)

LE PRÉSIDENT, *essuyant ses yeux.*

Allez, malheureux jeune homme, votre affaire est entendue, le tribunal décidera. (*Au petit rentier qui veut parler.*) Mon cher ami, si vous continuez, je vous fais bâillonner.

LE POÈTE, *s'approchant :*

I

Socrate prétend qu'*ab ovo*
L'homme porte dans le cerveau
Un tout petit grain de folie,
Et je trouve, en y songeant bien,
Que, pour nous venir d'un païen,
La maxime est assez jolie.

II

Pour ma part, j'ai souvent cherché
Quel était le démon caché
Qui me torturait la cervelle ;
Socrate a mis mon crâne à nu,
Et mon mal, longtemps inconnu,
C'est un Grec qui me le révèle.

LES FOUS.

Que dit-il ? Que dit-il ?

LE VICE-ROI DES INDES.

Au nom du dieu Vichnou, faites silence, tas de peuples !

LE POÈTE.

Vous voyez en moi, messieurs, un grand poëte, l'auteur des *Chansons d'un Fou*, où je prouve comme quoi

> Raphaël, le Dante, Fiésole,
> Grands artistes, grands écrivains,
> Tous ont été des fous divins,
> Tous ont porté la camisole.

LE PRÉSIDENT.

Un poëte ! Un de ces hommes qui passent leur vie à trouver des syllabes ayant une même consonnance, des phrases qui n'aient qu'un certain nombre de mots, des mots n'ayant qu'un nombre fixé de lettres. — C'est cela, n'est-ce pas ? — Bien ! fort bien ! — Une lubie comme une autre. — Avez-vous d'autres titres à la sympathie du tribunal ?

LE POÈTE.

Que vous dirai-je, messieurs ! Je crois que mieux que personne je suis né pour Charenton ; excentrique

d'idées et de gestes, mon existence ne ressemble en
rien à celle du vulgaire ; je vais par la vie à cheval sur
une chimère, un oiseau bleu dans chaque poche ; je
cours les rues grimaçant, gesticulant, composant. J'ai
des attaques d'épilepsie ou d'enthousiasme à chaque
heure du jour. Les relations sociales m'assomment : je
rêve aux étoiles, — ce qui est de votre état ; — je parle
tout seul et très-haut, — comme on fait chez vous ; —
mes chausses sont trouées, mes ressources usées ; chacun me montre au doigt et me parle avec un sourire
de pitié railleuse. Les plus bienveillants me traitent
d'insensé ; mais, ma foi, je m'en moque ; c'est un titre
qui en vaut un autre.

> Pas de fausse pudeur, allons !
> Portons hardiment ces galons
> Que personne ne nous dénie,
> Et disons, sans plus de chagrin :
> Il s'en faut peut-être d'un grain
> Que je sois un fou de génie.

Je demande un cabanon ! (*Applaudissements de la
foule.*)

LE FLEUVE DES AMAZONES.

De ma source à mon embouchure, sur mes flots ou
le long de mes rives, je n'ai jamais vu un...

LE PRÉSIDENT.

A d'autres, messieurs les candidats. (*Au vice-roi en*

lui désignant le petit rentier.) Que Votre Majesté se charge de cet homme et le fasse taire ! — En place, messieurs ! — Qui êtes-vous, mon petit ami?

LE MUSICIEN, *fredonnant.*

La fa ré mi la si do ré, je m'occupe de musique, *si si ut mi,* on m'empêche de chanter, *mi sol ut,* de chanter, et comme c'est une habitude, *do ré fa si,* que j'ai prise, *la la si si ut ut re re,* je me réfugie auprès de vous, *sol sol do do.* — Connaissez-vous ma grande sonate en *la?* Je vais vous la dire: Broum, broum, froum ! (**Rires universels.**)

LE PRÉSIDENT.

Voilà un malheureux dans un bien triste état.

LE COUCOU.

De mémoire d'oiseau, coucou ! coucou ! je n'ai jamais, coucou ! coucou ! vu son pareil ! coucou !

LE SAVANT, *s'approchant.*

Moi, monsieur, je m'occupe de science.

LE PRÉSIDENT.

Un savant? fort bien; je vous félicite, mon petit homme, vous avez eu de fiers toqués dans votre partie. On m'a parlé d'un savant passant trente années de sa vie dans une balance, afin de connaître les lois de la pondération. Êtes-vous de cet acabit?

LE SAVANT.

Je suis un grand chimiste, couronné par toutes les académies; je passe mes jours et mes nuits, penché sur des creusets et des alambics, à m'empoisonner en détail pour l'amour de la science; je me suis quatre fois brûlé la figure, dix fois roussi les cheveux; je mets le feu chez moi tous les jours régulièrement; en fin de compte, ma famille, mes amis, la police s'opposent à mes expériences à cause de quelques misérables distractions qui me caractérisent; et, ma foi! je viens chercher ici un laboratoire et la vie indépendante. (*Les fous le considèrent avec effroi.*)

LE DUC DE GUISE.

Par ma balafre! messeigneurs de France, voilà un homme dangereux, et je prop...

LE PRÉSIDENT, *sans l'écouter.*

Il suffit, monsieur le savant ! Voici, messieurs, un nouveau candidat qui me paraît mériter toute notre attention. — Quel singulier bonhomme ! Mouvements nerveux, gestes saccadés, tout d'une pièce, le col droit, il m'a l'air d'être en bois et à ressorts : crac ! il ouvre la bouche ! crac ! il élève le bras ! Il va parler : attention !

LE BOURSIER, *d'une voix de tête et le bras en avant.*

Trente-cinq Strasbourg !... Vingt-deux Orléans !... Qui veut des Strasbourg, bourg, bourg, bourg .. (*Les fous hochent la tête d'un air de pitié.*)

LE PRÉSIDENT, *à part.*

Ne le contrarions pas, il est peut-être méchant. (*Haut.*) Oui, mon ami, des Strasbourg, bourg, bourg, je conçois, je conçois ; mais parlons raison un instant. Vous désirez habiter Charenton, n'est-ce pas ? On gêne vos habitudes au dehors, hein ?

LE BOURSIER, *tirant son carnet.*

Qui veut des Mulhouse à terme... 32 40... prime,

report, report, prime... prime... prime... report... report...

LE PRÉSIDENT.

Sans doute, sans doute ; mais encore faut-il savoir si...

LE BOURSIER.

Si mes valeurs sont bonnes ? Excellentes, mon cher, excellentes. Prenez mes Strasbourg.

LE PRÉSIDENT.

Impossible d'en tirer un mot : qu'on l'emmène et qu'on le surveille !

L'ANTECHRIST.

En vérité, je vous le dis, *amen, amen, dico vobis*, je crois que...

LE PRÉSIDENT, *sans l'écouter.*

A vous, monsieur, quelle est votre maladie... pardon ! votre profession ?

L'HOMME ARRIVÉ.

J'ai quarante ans, un nom et une position dans le monde, deux ordres étrangers sur la poitrine, mes entrées un peu partout. En deux mots, je suis ce qu'on appelle un *homme arrivé*. Pour acheter ce titre, vous ne sauriez croire toutes les privations que je me suis imposées, tous les amis que j'ai sacrifiés, toutes les joies que je me suis interdites. Depuis vingt ans, je n'ai pas été moi-même pendant une heure. Toujours le sourire postiche aux dents, l'air compassé, l'échine basse, la bouche close, le cœur et le visage aussi ; je suis le Masque de fer du dix-neuvième siècle, le martyr des convenances sociales et de mon ambition. Je suis l'homme arrivé ; arrivé à quoi ?.. à regretter cette jeunesse dont je n'ai jamais usé, ce beau temps que j'ai perdu, ce sang généreux et vermeil que j'ai laissé moisir dans mes veines ! — Aujourd'hui, mon masque me pèse, — ma gourme me travaille ; toutes les folies humaines, l'amour, la fougue, la jeunesse, le besoin des cris sans cause, des gambades sans raison, tout cela m'est monté au cerveau. — Que je me laisse aller à ces accès de fièvre chaude dans le monde, le monde étonné me reniera et m'enverra à Charenton ; j'aime mieux y venir de plein gré. Allons, messieurs, un cabanon pour l'*homme arrivé !* Un cabanon !! un cabanon!!!
— Plus de gêne ! Plus de contrainte ! Plus de masque ! Plus rien ! — Allez ! une gambade ! Allez ! une cabriole! et vive la gaîté ! Houp la la, la la, lonlaire ! (*Il danse*

*en criant. — Danses et cabriolades générales des fous,
du tribunal, des candidats.*)

LE PRÉSIDENT, *faisant une gambade.*

Soyons sérieux, mes amis, soyons sérieux. — Tiens !
qu'est devenu mon tribunal ? tous partis ? Le Coucou
est monté sur un arbre, et chante de sa voix la plus
perçante ; le Fleuve des Amazones se promène gravement, un bateau en papier sur la tête ! Pauvres garçons ! quels écervelés ! C'est égal, reprenons la séance ;
— en place ! en place ! (*Les fous reprennent le cercle. —
On amène le petit rentier.*)

LE PETIT RENTIER, *suffoquant de colère.*

Enfin, je vais pouvoir parler !

LES FOUS.

Oh ! là là ! La singulière tête ! Quel air bête et ma-
jestueux ! Et ce nez, et ces lunettes vertes, et cet habit
bleu, et comme il se mouche, et comme il prise ! (*Ils
se tordent de rire.*)

LE RENTIER.

Au nom de la liberté publique, je proteste contre les

lazzis dont on m'accable et les violences qu'on me fait.

LES FOUS.

Bravo! bravo! L'est-il assez, mon Dieu! l'est-il assez!

LE RENTIER.

Voyons, monsieur le président, vous qui m'avez l'air raisonnable...

LE PRÉSIDENT.

De quoi s'agit-il, mon ami? — Vous désirez un cabanon, n'est-ce pas?

LE RENTIER.

Mais, sac à papier! je ne suis pas fou et n'ai pas envie de l'être. J'étais venu au parloir pour parler à l'économe, un de mes amis, quand un de ces messieurs est venu me dire qu'on me demandait. J'ai cru avoir affaire à une personne sérieuse. Je l'ai suivie, et j'ai vu trop tard que j'étais tombé entre les mains de fous. (*Hurlement de colère dans la foule.*)

LE PRÉSIDENT, *d'un ton sec.*

Sachez, l'homme, qu'il n'y a pas ici un seul fou ; vous êtes chez des fantaisistes ; mais, morbleu ! ne parlez pas de folie, ou je vous fais hallebarder par mon duc de Guise.

LE RENTIER, *effrayé.*

Mais enfin, messieurs, que voulez-vous faire de moi? — Je m'appelle Timoléon ; je suis un honnête rentier de la rue Saint-Denis ; je me lève à huit heures et me couche à dix. Après déjeuner, je vais entendre tirer le canon du Palais-Royal, en regardant jouer les enfants. Je suis électeur. Le soir, je fais mon domino avec l'adjoint. Vous voyez donc que je n'ai en moi aucun symptôme. (*A un fou.*) Finissez donc, monsieur, vous m'arrachez ma perruque. Je demande qu'on me rende ma liberté, ou j'appelle à l'aide.

LE PRÉSIDENT.

Mes amis, assurez-vous de ce pauvre diable, et le liez fortement pendant que le tribunal va délibérer.

LE RENTIER, *effaré.*

Mais cette plaisanterie est de très-mauvais goût...

10.

Vous attentez aux droits sacrés de l'homme... Messieurs, je suis père... Messieurs, ma femme va m'attendre ! Au secours !

LE PRÉSIDENT.

Qu'on le bâillonne.

LE RENTIER, *suffoqué*.

Au secours ! à moi ! au sec...

LE PRÉSIDENT.

Or çà, messieurs de Charenton, et vous postulants, oyez la décision du tribunal.

Article 1er. — Les folies de l'amour, de l'argent, de l'art et de l'ambition étant des maladies toutes spéciales et très-graves, qui troubleraient la paix de notre maison, les candidats l'amoureux, le poëte, le musicien, le boursier, l'homme arrivé, le savant, tous hommes d'un contact dangereux, sont déboutés de leur demande et renvoyés chez eux. Charenton contient des maniaques et des fantaisistes, mais la place des vrais fous est au dehors.

LES FOUS.

Bravo ! bravo !

LE PRÉSIDENT.

Article 2. — M. Timoléon, dit le petit rentier, nous paraissant gravement atteint, mais d'une folie douce et inoffensive, vulgairement appelée crétinisme, sera porté en triomphe dans le cabanon Ladislas, qui lui revient de droit. C'est un des gâteux les mieux réussis que j'aie jamais vus... *Dixi !*

(Hurlements et trépignements de joie. — Les candidats refusés s'éloignent d'un air triste. — Les fous portent en triomphe le malheureux Timoléon au cabanon Ladislas. — Le président fait la culbute sur le tribunal. — Cris, gambades, cabrioles, tableau.)

FIN

LES ROSSIGNOLS DU CIMETIÈRE

FANTAISIE EN DEUIL

PERSONNAGES :

LES ROSSIGNOLS DU CIMETIÈRE.

UN ROSSIGNOL DES BOIS.

DES ENFANTS.

DES BOURGEOIS.

DES AMOUREUX.

DES CROQUE-MORTS.

UNE MARCHANDE DE PLAISIRS.

LES ROSSIGNOLS DU CIMETIÈRE

FANTAISIE EN DEUIL

Le cimetière Montparnasse. — Le jour pointe. — Les morts
reposent. — Les rossignols du cimetière chantent à voix
basse. — Un rossignol des bois leur répond du haut d'un
arbre du boulevard.

SCÈNE PREMIÈRE

LE ROSSIGNOL DES BOIS.

Rossignols, mes frères, à qui diable en avez-vous, de
chanter ainsi dans ce grand jardin triste?

LES ROSSIGNOLS.

Rossignol, mon frère, ce grand jardin triste est le
jardin des morts.

LE ROSSIGNOL.

Rossignols, mes frères, où prenez vous des chants si doux et si désolés? Vous êtes des oiseaux comme moi, et cependant nos voix ne sont pas les mêmes; — mon timbre est bien plus clair et plus éclatant. Ecoutez cette roulade. Le vôtre possède en revanche quelque chose de mystérieux et de voilé qui trouble et qui charme. Quelle sorte de rossignols êtes-vous, ô mes frères, et pourquoi ce crêpe à votre gosier?

LES ROSSIGNOLS.

Rossignol des bois, trêve à vos roulades et à vos moqueries ; nous chantons comme il nous plaît, et nous vous prions d'aller porter ailleurs votre gaieté et votre timbre clair; vous faites trop de bruit.

LE ROSSIGNOL.

Vous avez donc des malades chez vous?

LES ROSSIGNOLS.

Non; mais des gens qui dorment.

LE ROSSIGNOL.

En ce cas, je me retire; promettez-moi seulement

de venir déjeuner, un de ces dimanches, dans les bois de Ville-d'Avray ; c'est là que je perche.

LES ROSSIGNOLS.

Grand merci ; nous ne mettons jamais le bec dehors.

LE ROSSIGNOL.

Comment ! Vous n'allez jamais courir les bois ? Vous passez votre vie dans ce grand clos, au milieu de ces arbres en deuil et de cette nature attristée ? Comme je vous plains !

LES ROSSIGNOLS.

Ne nous plaignez pas , ami , nous sommes très-heureux. Dieu nous a doués d'une voix amoureuse et tendre, que nous employons à de pieux usages. Nous sommes les Rossignols du cimetière ; comme tels, nous avons ici deux fonctions. La première est de bercer le sommeil des pauvres gens enterrés à nos pattes ; nous devons leur chanter doucement, comme la mère aux enfants qui s'éveillent , et les rendormir au plus vite, afin qu'ils ne souffrent pas en songeant à ceux qu'ils aiment ; voilà pourquoi notre timbre est si doux, si voilé, si tendre... Chut ! quelqu'un a soupiré dans l'allée à gauche ; c'est la petite du coin qui se réveille. Allons, amis , vite un peu de musique ; et chantons-lui

11

cette romance de *Fleur de la mort*, qu'elle aime tant.
(*Ils chantent.*)

LA ROMANCE DE FLEUR DE LA MORT.

Moitié jouant, moitié rêvant,
Sous les cyprès et sous les saules,
Elle va, livrant ses épaules
Aux impertinences du vent.
Deux fleurs, les premières venues,
Vous les coiffent; le plus souvent
Ses petites jambes sont nues.

Elle porte, hiver comme été,
Une robe noire en lustrine,
Ouverte un peu sur la poitrine,
Craquant un peu sur le côté.
Ainsi faite, elle se trémousse
Comme une chèvre en liberté,
Sur les tombes où l'herbe pousse.

En voilà assez; elle est endormie.

LE ROSSIGNOL.

Savez-vous que c'est très-gentil ce que vous
faites là!

LES ROSSIGNOLS.

Ce n'est pas tout; nous sommes encore les gardiens
de la maison, les sylphes bienfaisants de l'endroit. Par

le temps où nous sommes, on naît et l'on meurt avec
une telle simplicité, que la mort perd de jour en jour
cette beauté d'apparat, mystérieuse et froide, qui im-
posait aux hommes. On place les cimetières aux portes
de la ville, comme des maisons de campagne, dont ils
ont l'aspect bourgeois et ratissé; l'homme s'enhardit
de plus en plus vis-à-vis des choses saintes, qui lui de-
viennent familières, et la hideuse profanation promène
ses pieds fangeux et ses doigts sales sur les tombes.
Nous sommes ici pour mettre ordre à tout cela et chasser les importuns sacriléges qui viennent troubler le
sommeil de nos chers défunts. Nos chants sont lugubres,
nos voix tristes; par ainsi nous rendons le séjour des
cimetières impossible à ceux qui viennent pour s'y
promener et prendre l'air des champs.

LE ROSSIGNOL.

Rossignols, mes frères, vous êtes de divins oiseaux,
et pour vous je me sens une vive vénération; vous me
donnez le dégoût de mon existence bohémienne et inutile à tous; je serais bien heureux de verser dans l'es-
carcelle d'or de la charité ces perles de mon gosier
que j'ai gaspillées jusqu'à ce jour et semées à tous les
vents.

LES ROSSIGNOLS.

Eh bien! viens avec nous, Rossignol des bois, viens
avec nous; viens faire un noviciat d'une journée, tu ha-

bitueras ta voix à des chansons tristes, ton cœur à la tendre pitié, ton œil à la vigilance. Tu vivras de notre vie, et quand tu auras vu l'efficacité de nos services, tu entreras, si tu t'en sens le courage, dans la corporation des Rossignols du cimetière; et, maintenant, attention! ton noviciat commence. Voici le soleil qui se lève, le vent qui tiédit; c'est le jour. — Un lourd craquement se fait entendre sous les tombes; ce sont les morts qui se réveillent, par habitude, au jour levant. Il faut les rendormir : chantons, mes frères, chantons. Toi, prends garde, ami, pas de trille éclatant ni de roulades; que ton gosier soit tout miel et velours.

SCÈNE II

Il est grand jour; le soleil dore les tombes. — Les rossignols sont perchés sur les cyprès. — Entrent les enfants.

LES ENFANTS.

Oh! la bonne idée! la bonne idée! Ce Miquelon a toujours de bonnes idées. Quel endroit charmant pour s'amuser pendant l'heure de la classe : de l'ombre, de l'herbe, des fleurs et point de maître! Quel bonheur! On va pouvoir s'en donner à cœur joie et à toutes jambes! Au diable buvards et cartables! coiffons-nous de

nos cahiers ; faisons des cocottes avec nos grammaires !
A quoi jouons-nous ? Aux barres ou à la toupie ?

LES ROSSIGNOLS *commencent à chanter d'une voix triste*

> Enfants, ne criez pas si fort ;
> Songez au pauvre homme qui dort
>   Sous l'herbe où vous êtes ;
> Quand le Luxembourg est si près,
> Pourquoi venir chez nous exprès ?
> Vous savez bien que les cyprès
>   N'ont pas de noisettes.

LES ENFANTS.

Tout de même, on ne se sent guère en train de s'amuser. Il y a là haut un tas d'oiseaux qui chantent si drôlement. On ne comprend pas ce qu'ils disent ; mais, c'est égal, ça vous fait froid dans le dos. — Voyons, jouons-nous aux barres ou à la toupie ?

LES ROSSIGNOLS *reprennent :*

> Enfants, ne criez pas si fort ;
> Songez au pauvre homme qui dort
>   Sous l'herbe où vous êtes.

LES ENFANTS.

Dites donc, les enfants, si nous allions jouer ailleurs, au Luxembourg, par exemple, ce serait moins triste qu'ici. Ah! ça, décidément, à quoi jouons-nous? Aux barres ou à la toupie?

LES ROSSIGNOLS redoublent.

> Enfants, ne courez pas si fort;
> C'est le Tivoli de la mort,
>   Cette herbe où vous êtes;
> Et la nuit, c'est sur ce gazon
> Que les maîtres de la maison
> Viennent se trémousser, au son
>   Des noires musettes.

LES ENFANTS.

Allons-nous-en! allons-nous-en! Cela nous porterait malheur de courir partout là; les cimetières sont faits pour pleurer, et non pour rire. Puis ces arbres noirs, ces petites maisons à vitraux bariolés, ces rossignols avec leurs chansons; tout cela est d'un triste!... Allons-nous-en! (*Exeunt.*)

LE ROSSIGNOL.

Rossignols, mes frères, voilà qui est merveilleux, et je suis ravi de la facilité avec laquelle vos voix ont opéré...

Mais quelle est cette vieille, ridée et malpropre, qui vient à nous, un tourniquet sous le bras? J'ai vu cette figure-là quelque part.

LA MARCHANDE.

Que sont devenus mes bambins ? Je viens d'en voir entrer une douzaine, et j'espérais... Où diantre sont-ils passés ? Sans doute blottis dans quelque coin. Si je criais un peu, la faim ferait sortir les loups du bois. (*Criant.*) Voilà l'plaisir, mesdames, voilà l'plaisir !

LE ROSSIGNOL, *indigné.*

Ah ! vieille sorcière irrévérencieuse ! Un pareil cri dans un cimetière ! Tu n'a pas honte !

LES ROSSIGNOLS.

Ne t'emporte pas, rossignol des bois ; laisse-nous mettre un terme à cette profanation ; nos chants seuls vont suffire. (***Ils chantent.***)

Un homme noir marchait devant,
Un homme blanc venait derrière ;
L'un portait un cercueil d'enfant.
L'autre chantait une prière.
Le cercueil était en sapin,
La prière était en latin.

LA MARCHANDE.

Voilà l'plaisir, mesdames, voilà l'plaisir !

LES ROSSIGNOLS.

Derrière ces hommes venait
La mère, une petite femme,
Qui, sous les fleurs de son bonnet,
Sanglottait à vous fendre l'âme.
Elle disait en étouffant :
« Ma pauvre enfant ! ma pauvre enfant ! »

LA MARCHANDE.

Taisez-vous donc, maudites bêtes, on ne s'entend pas. Satanés oiseaux, va ! ils chantent d'une façon qui vous rend toute chose. Je me suis rappelé tout de suite ma pauvre Eugénie, qu'on a enterrée l'an dernier ; j'ai revu le corbillard, les porteurs, les filles de la congrégation tout en blanc, la fosse ouverte, et le prêtre et les clergeons... j'en ai la chair de poule et les yeux tout mouillés. Sortons d'ici, ces rossignols me font trop de mal. (*Exit.*)

LES ROSSIGNOLS.

Tu vois, elle est partie ; nos chants ont réveillé en elle la fibre du souvenir ; juge de leur puissance ! Mais taisons-nous, voici venir un groupe turbulent de bourgeois en promenade, criant et gesticulant, sans respect pour la sainteté du lieu. Préparons-nous à chasser dehors toute cette vermine.

LE BOURGEOIS, *lisant une épitaphe.*

« Louis-Charles-Borromée-Anselme Piquedoux, dit
le père des ouvriers, adjoint au IVᵉ arrondissement,
décédé à Paris en juin 39, à l'âge de...» —Jolie tombe,
ma foi! jolie tombe! du style, beaucoup de style.
D'honneur, c'est madrigal.

LA BOURGEOISE.

Nastase, qu'est-ce que cela veut dire, ces grosses
lettres qui viennent après le « décédé à l'âge » ? Il y a
un x, un ʟ et un v.

LE BOURGEOIS.

Ceci, ma toute belle, c'est des chiffres romains. Cela
signifie.... attends un peu.... hum! hum! cent, deux
cents... oui, c'est cela : décédé à l'âge de deux cent
cinq ans.

LA BOURGEOISE.

Deux cent cinq ans, Piquedoux! Mais vous étiez de
la même année.

LE BOURGEOIS.

Dame! les chiffres sont là; il peut se faire pourtant
que les valeurs numériques n'eussent pas dans l'anti-
quité...

LES ROSSIGNOLS.

Allons, amis, faisons taire ces gros oisons qui viennent se pavaner en belle veste au cimetière, comme au Pré-Catelan ou aux Prés-Saint-Gervais. (*Ils chantent.*)

> Sous l'herbe grasse et la terre mouillée,
> Les pauvres morts dorment ensevelis;
> C'est les oiseaux qui leur font la veillée,
> Sans goupillon, sans cierge et sans surplis.

LA BOURGEOISE.

Eh bien! viens-tu, Nastase? Que fais-tu là, planté sur tes pieds, la bouche ouverte. Qu'as-tu? tu es pâle!

LE BOURGEOIS.

Je songe aux morts, madame.

LA BOURGEOISE.

A quoi diable vas-tu songer!

LES ROSSIGNOLS *reprennent :*

> Mais quelquefois, dans le grand cimetière,
> Sous les cyprès chargés d'âcres parfums,
> Un tombeau s'ouvre, et deux ou trois défunts
> S'en vont faisant la tombe buissonnière.

LA BOURGEOISE, *d'une voix émue.*

Nastase, allons-nous-en d'ici. Je ne sais pourquoi, mais je me sens toute émotionnée ; j'ai mon déjeuner sur l'estomac. J'ai peur ! j'ai peur ! Partons. (*Exeunt.*)

LES ROSSIGNOLS.

Et de trois !.. L'ouvrage ne nous manquera pas aujourd'hui.

LE ROSSIGNOL.

Oh ! oh ! J'aperçois là-bas, derrière un saule pleureur, une jolie paire d'amoureux de ma connaissance ; je les ai souvent rencontrés dans les bois de Ville-d'Avray. Pauvres enfants ! il leur est donc arrivé quelque malheur, qu'ils viennent au cimetière. Voyons, approchons-nous un peu.

LES AMOUREUX.

L'adorable promenade, et quelles douces émotions elle nous procure. Il est bon qu'en amour la corde triste résonne quelquefois, et ce n'est pas un mal de mener de temps à autre sa belle passion par des sentiers mélancoliques.

LE ROSSIGNOL.

Ah ! les petits scélérats, c'est un raffinement d'amour qui les amène

LES AMOUREUX, *s'arrêtant devant une tombe.*

Tiens ! voilà de jolies fleurs ; si nous en cueillions quelques-unes... Les belles roses ! Personne ne nous voit...

LE ROSSIGNOL.

Oh ! fi donc. Voilà qui est mal ; voler ces pauvres morts !

LES ROSSIGNOLS.

Tais-toi, bavard, et laisse-nous faire. (*Ils chantent.*)

> Quelquefois, sur la couche froide
> Où la mort le tient étendu,
> La face blême et le corps roide,
> Un défunt se dresse éperdu !

> Avec des douleurs indicibles,
> Il sent, dans l'ombre du tombeau,
> Comme des ongles invisibles
> Arracher son cœur par lambeau.

> Passant, passant, c'est toi qui causes
> Cette épouvantable douleur ;
> Quand aux morts on vole leurs roses,
> On arrache plus qu'une fleur.

LES AMOUREUX.

Nous avons fait une mauvaise action en volant ces fleurs... Il semble qu'elles aient des gouttes de sang à leurs tiges... Ces pauvres morts ! C'est une si bonne chose pour eux ces fleurs qui respirent le souvenir... Allons-nous-en vite, ils n'auraient qu'à vouloir se venger. (*Exeunt.*)

LES ROSSIGNOLS.

Tu vois qu'il ne nous faut pas de grands efforts pour mettre les gens à la raison.

LE ROSSIGNOL.

J'en suis émerveillé. (*Bruits de voix et chansons au loin.*) Ah ! mon Dieu ! Qu'est-ce que cela ?... Quelles sont ces affreuses gens aux manteaux noirs et courts, aux bottes boueuses ?... A qui en veulent-ils avec leurs cris et leur tapage ? Bon ! les voilà qui s'installent sur l'herbe à présent ; je crois même qu'ils vont déjeuner là ! Déjeuner dans un cimetière ! pouah ! c'est révoltant.

LES CROQUE-MORTS.

Avant de commencer son petit ouvrage, rien n'est bon comme un coup de gobelet ; le litre est le nerf du travail ; pour escorter le vin bleu, rien ne vaut un bon trognon de fromage, quelques ciboules et du gros pain. (*Ils mangent et ils causent.*)

LE ROSSIGNOL.

Quelle profanation !... Ah! ça, vous autres, n'allez-vous pas faire cesser un pareil scandale ?

LES ROSSIGNOLS.

Hélas ! nos voix ne pourraient rien ici ; les oreilles crasseuses de ces rustauds sont insensibles comme leurs cœurs ; n'essayons pas même de les émouvoir ; Rossignol des bois, fais comme nous, écarte les pattes et trousse ton aile.

LES CROQUE-MORTS.

Tiens ! voilà quelque chose qui tombe dans mon verre... Bon ! sur le fromage maintenant ! Satanés oiseaux ! On dirait que cela les amuse. Allons plus loin. (*Ils s'éloignent, le jeu recommence.*) Décidément, pour biturer à l'aise, rien ne vaut une grosse table de chêne et un coin de taverne bien noir. Allons finir le repas au cabaret, camarades. (*Ils sortent.*)

LE ROSSIGNOL, *enthousiasmé.*

Rossignols du cimetière, vous êtes d'adorables bêtes, et je demande à faire partie de la corporation.

LES ROSSIGNOLS.

Qu'il soit fait selon ton désir, ami; tu vois quelle est
notre vie, toute de dévouement et de surveillance;
puisqu'elle ne t'effraie point, sois des nôtres, frère,
sois des nôtres!

LE ROSSIGNOL, *préludant.*

Au chevet des enfants la mère reste assise,
N'ayant jamais sommeil en les sentant dormir;
Mais dès qu'elle croit voir leur paupière indécise
S'entre-bâiller un brin, tremblotter et frémir,
Elle chante à voix basse une berceuse, et pose
Sa bouche fraîche au ras de leur frais oreiller.
Nous, de peur que les morts viennent à s'éveiller,
Mes amis, chantons-leur doucement quelque chose.

LE CHOEUR, *reprenant.*

Nous, de peur que les morts viennent à s'éveiller,
Mes amis, chantons-leur doucement quelque chose.

FIN.

TABLE

200. — Paris — Imp. POUPART-DAVYL et Cie, rue du Bac, 30

206. — PARIS. — IMPRIMERIE POUPART-DAVYL ET COMP.

RUE DU BAC, 30.

www.ingramcontent.com/pod-product-compliance
Lightning Source LLC
Chambersburg PA
CBHW071945110426
42744CB00030B/364